让心理学
走进家庭教育的
关键期

母瑛·著

经济管理出版社

ECONOMY & MANAGEMENT PUBLISHING HOUSE

图书在版编目（CIP）数据

让心理学走进家庭教育的关键期／母瑛著. —北京：经济管理出版社，2023. 12
ISBN 978-7-5096-9571-5

Ⅰ. ①让… Ⅱ. ①母… Ⅲ. ①家庭教育—教育心理学—研究 Ⅳ. ①G780

中国国家版本馆 CIP 数据核字（2024）第 003141 号

组稿编辑：张馨予
责任编辑：韩　峰
责任印制：许　艳
责任校对：蔡晓臻

出版发行：经济管理出版社
　　　　　（北京市海淀区北蜂窝 8 号中雅大厦 A 座 11 层　　100038）
网　　　址：www. E-mp. com. cn
电　　　话：(010)51915602
印　　　刷：唐山玺诚印务有限公司
经　　　销：新华书店
开　　　本：720mm×1000mm /16
印　　　张：18. 75
字　　　数：225 千字
版　　　次：2024 年 1 月第 1 版　　　2024 年 1 月第 1 次印刷
书　　　号：ISBN 978-7-5096-9571-5
定　　　价：88. 00 元

序 言
PREFACE

从好老师到好妈妈

  我与母瑛结缘是在一次心理学学术研讨活动中，由我们双方共同的朋友引荐认识。逐渐熟络后，承蒙高看，她经常将课题研究和专著写作中的一些思路、想法与我沟通交流，并礼貌地将她取得的一些专业研究成果发给我，请我指正、提建议。在我的印象中，母瑛是一位雷厉风行，有思想、敢行动的优秀女性。原来她忙于学校管理工作，少有时间做科研，前几年她说要放弃管理工作，专注于教学和科研工作，我以为她仅是说说而已，但她真的这样做了，而且做得非常好。说实话，大多数女性到中年都已经选择"躺平"、享受生活，她却开启了自己新的学术人生，著书立说、申报课题、发表论文，并取得了丰硕成果。我非常佩服母瑛对专业执着的态度和不懈努力的精神，敬佩她是一位认真负责、不断学习、努力进取的好老师。

前年她告诉我，现在教育太内卷了，孩子们太苦太难了，她要建立一个家庭教育指导工作室，把自己在家庭教育中的一些感悟和经验分享出来，为不懂家庭教育的家长提供力所能及的帮助。听闻她的计划，我甚是欣喜。目前学生心理危机频发，而很多学生的心理问题与家庭教育密切相关，家庭教育的改善必要且迫切，她的著作能早日面世定是众多家庭的"福音"。我知道母瑛不仅是一位好老师，还是一位成功的妈妈，她将孩子培养得非常优秀，所以当今年年初她告诉我要写一本关于家庭教育方面的书时，我就盼着能早点拜读她的新作。北京师范大学朱旭东教授曾经说过："一个有心的小伙夫可以成为一名高级厨师，一个有心的妈妈，也可以成为一名儿童教育专家。"母瑛不但有心、有爱，还有专业加持，所以写出一本关于家庭教育的好书，成为儿童教育专家更是顺理成章的事了。半年后我看到了她的书稿，全书共八章，近二十万字，从家庭教育的关键期、良好行为习惯的养成、交往能力的培养、学习力的提升、积极情绪的建构、完整人格的塑造、社会人的培养、心理障碍的消除八个维度解析了孩子的教育理论与方法。目前市面上流行的家庭教育书籍普遍具有重视行为指导而忽略理论分析，让人"知其然而不知其所以然"的问题。这本书一改全貌，既有对 0～12 岁孩子常见心理问题、行为问题的形成机制的心理学理论分析，又有针对问题的解决办法；既基于心理学、教育学原理作了深入的理论分析，也从实践层面为普通家长、教育工作者支了招，理论与实践实现了很好的平衡。

总之，这是一本懂教育、懂心理的妈妈写出的教育书籍，是一本有思想、有智慧、有爱心的家庭教育读本，非常值得一读。我相信，读之并用之，"小孩子可以多发些笑声，父母也可以少受些烦恼了"。

胡韬①
2023 年 11 月 13 日

---

① 胡韬，成都师范学院心理学教授，四川省心理学会常务副理事长。

前 言
PREFACE

　　著名教育家陶行知曾说过，"我们对儿童存在两种极端的心理，都是有害的：一是忽视，二是期望太切。忽视则任其像茅草一样自生自灭；期望太切，则不免拔苗助长，反而促使其夭折"。今天，我们面临的教育困局不是对教育的忽视，而是期待过甚，"教育内卷""起跑线""减负""校外培训班""鸡娃""顺义妈妈"等词已经成为霸屏网络的热搜词汇。中国新生代的家长比任何时期的家长都更加重视教育，可以说，没有一个民族比我们中华民族更重视儿童教育，但很多家长却发现自己为孩子教育煞费苦心，成天带着孩子奔走于这个培训班、那个培训班，购买价格高昂的学区房，付出成倍的时间、精力、金钱，结果却发现不但孩子达不到自己的期望值，而且导致亲子关系紧张、对立，甚至一些儿童还成了别人口中的"问题青少年"。作为一名长期在一线从事学生心理健康教育的高校教育工作者，也是一名有一定成功家庭教育实践经验的宝妈，笔者发现很多家长在孩子的教育中不得法。父母作为孩子的第一任老师，也是孩子在成长过程中接触最多、关系最亲密的人，其对孩子的家庭教育在孩子成长过程中的主导性、重要性毋庸置疑，甚至可以说父母的教养方式对孩子的教育成败起着决定性的作用。但长期以来，家长对学校教育寄予太高希望，家庭教育的功能和重要性被严重低估。现在各行各业都有准入门槛，职业培训种类繁多，例如驾驶员都要通过驾校培训和考试，但"怎么做父母"这一系统而深刻的课题却缺乏专业的研究和培训，好像生了孩子我们就自然而然成为了合格甚至优秀的父母。面对家庭教育这一领域的空白，作为一名教育心理的理论研究者和实践从业者，笔者认为自己应该有所作为。

党的十八大以来，习近平总书记站在培养担当民族复兴大任时代新人、确保党和国家事业后继有人的高度，就家庭教育工作作出了一系列重要论述，反复强调必须加强家庭家教家风建设。2022 年 1 月 1 日，《中华人民共和国家庭教育促进法》正式施行，这是中华人民共和国成立以来的第一部家庭教育方面的立法，有效地促进了我国家庭教育事业的大发展，产生了划时代的深远影响。该法律明确规定："国家鼓励开展家庭教育研究，鼓励高等学校开设家庭教育专业课程，支持师范院校和有条件的高等学校加强家庭教育学科建设，培养家庭教育服务专业人才，开展家庭教育服务人员培训。"鉴于此，笔者基于自己的心理学、教育学专业背景和长期的家庭教育实践经验，成立了四川省唯——家由高校教师开设的家庭教育工作室，开展家庭教育理论研究和实践指导。本书就是笔者对 20 年来学生教育经验、家庭教育经验的总结、升华，是家庭教育工作室成立近两年的研究成果。

德国教育家第斯多惠曾说，教育的艺术不在于传授本领，而在于激励、唤醒和鼓舞。0~12 岁，可以说是孩子人格、智力、行为养成的关键时期。倘若这一时期孩子身边的养育者能给予其正确的引导和培养，那么孩子的能力和素质都能得到快速提升，并且能为今后成长打下良好的基础；反之，若错失关键期，即使花费数倍努力也难以弥补。本书致力于帮助家长和教育从业者了解基本的教育学、心理学知识，掌握科学的教育方法与技巧，利用心理学的规律去认识儿童、唤醒儿童、激励儿童、培养儿童，培养出身心健康的优秀儿童，最终实现为党育人、为国育才的终极目标。本书包括核心篇、行为篇、交往篇、学习篇、情绪篇、个性篇、社会篇、障碍篇，分别从儿童教育的关键期、行为习惯、社会交往、学习力、情绪、人格、社会性、心理障碍八个维度探讨教育方法和理念，内容翔实全面，集实用性和理论性于一体，手把手帮助家长和教育从业者找到适合儿童的教育方法，帮助儿童顺利有效地学习成长。

　　在本书成稿过程中，笔者借鉴了一些专家、学者的研究成果，在此深表谢意！本书虽经反复推敲修改，但受笔者水平所限，难免有不足之处，欢迎各位专家、同行和读者不吝赐教。此外，本书能顺利出版离不开来自成都职业技术学院的领导和同事，以及朋友和家人的关心、支持，这里深表感谢！

　　儿童是国家的未来，愿这本书能助力您的孩子成长，提升您的家庭幸福指数，见证祖国的繁荣发展，这也是笔者的写作初心！

母瑛

2023 年 10 月

目 录
CONTENTS

CHAPTER
第二章

行为——用行为心理学培养孩子良好的行为习惯······ 045

CHAPTER
第三章

CHAPTER
第六章

个性——用个性心理学塑造孩子的完整人格 ………… 173

CHAPTER
第八章

障碍——用异常心理学消除孩子的心理障碍 ………… **249**

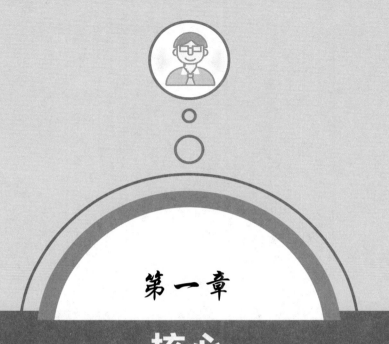

第一章

核心

——用发展心理学抓住关键期的教育

0～12 岁，是一个孩子从出生到读完小学升入初中的时间段，也是儿童人格、品德、行为方式养成的关键时期，这一时期儿童的可塑性非常强，也是我们教育大展拳脚、最有可为的时期，在教育心理学上我们称之为一个孩子成长的关键期（或敏感期）。如果父母抓住了这个时间窗口，在这个阶段用心陪伴、耐心引导，不断培养孩子乐观、勇敢、礼貌、勤奋、坚持、努力等积极性格特征，那么这些优良品质将伴随孩子终生，而如果此时父母放任自流、采取措施不当，那么狭隘、自私、懒惰、撒谎、冲动、暴力等不良性格和消极品质也会在孩子身上逐步养成，并且伴随终身很难改变，相信这样的结局对很多家庭和孩子来说都难以接受。

著名发展心理学家埃里克森将人的一生分为八个阶段，我们这里说的教育关键期就是指前四个阶段。

第一阶段：婴儿期(0～2 岁)

婴儿期的主要任务是满足生理需要，发展信任感，克服不信任，体验着希望的实现。婴儿在生理需要的满足中体验着信任、安全；反之，婴儿对周围环境就会产生不安全感、不信任感。这一阶段婴儿的生活完全依赖于成人，需要成人的照顾，当婴儿感到饥饿、寒冷、不舒服而啼哭时，如果能够及时得到母亲或其他抚养者的关心和照顾，他们就会感到安全，形成基本的信任感；反之，就会形成不信任感。

在这一阶段，婴儿除了生理需要，还有情感上的需要。父母需要多给婴儿做一些抚触，多用一些身体接触、眼神交流、声音交流等来表达对婴儿的爱意。其实，提倡母乳喂养不仅是出于营养学的依据，更有心理学的依据。母乳喂养对建立孩子的依恋关系，培养孩子的安全感、信任感都具有重要作用。值得注意的是，如果对任何人和任何东西都信任，也就是盲目信任，婴儿也必然会陷入困境，反而某种程度的不信任是积极的和有助于生存的。但是，总体来说，信任感占优势的儿童具有敢于冒险的勇气，具有更好的抗挫力。所以，在这个阶段尽量满足孩子的生理需要和心理需要非常重要，这也是以后孩子有爱心、能够信任他人的基础。

第二阶段：儿童早期(2~4岁)

这一阶段儿童的主要发展任务是获得自主感，克服羞怯和疑虑，体验着意志的实现。埃里克森认为，在这一阶段，幼儿在养成适宜的生活习惯以后，已经不再满足于停留在狭小的空间，而是渴望探索新世界。这一阶段，儿童的自我意识开始出现，大人眼中的第一个"叛逆期"开始了。这时期孩子的很多想法和做法，都会体现独立意识，他们试图获得一种自主的感觉。但当因自己能力不够而感觉困难或者无法完成的时候，孩子会用自己的方式表达气馁、无助，如摔玩具、哭闹等。这个阶段，如果父母在保证安全的前提下多给孩子些空间和时间，让他们独立地去干一些力所能及的事情，如自己吃饭、穿脱衣服、整理玩具等，在孩子需要时给予及时的帮助和指导，积极反馈，孩子就会建立自主感，形成基本的自主性，磨炼意志，培养独立、自信、有责任感的好品质。

第三阶段：学前期(4~6、7岁)

本阶段儿童的主要发展是获得主动感和克服内疚感，体验目的的实现。在这个阶段，儿童在生理上达到了第一个成熟期，他们开始挑战各种各样的限制，试探哪些事情是可以做的，哪些是不被允许的，如打人、挑战父母的底线。这时候，如果儿童的好奇心和主动性探索活动能够得到成人的鼓励，就会有愉悦感，主动性也会得到进一步发展，他们的想象力、创造力也得以持续发展。相反，如果父母对儿童的一些行为进行否定、压制、嘲笑甚至责骂，就会使他们认为自己的想法是不好的甚至幼稚的，容易使儿童产生内疚感、挫败感甚至罪恶感。本阶段又被称为游戏期，游戏在执行着自我的主要功能，在解决各种矛盾中体现出自我治疗和自我教育的作用。父母要多鼓励孩子进行游戏，积极地参与孩子的游戏，扮演游戏角色，多让孩子在游戏中做主，同时描述式鼓励、积极的反馈会让他们更加自信和自主。埃里克森认为，个人未来在社会中所取得的工作上的、经济上的成就，都与儿童在学前期的主动性发展程度有关。在这一阶段，孩子可能会出现各种行为问题，而父母情绪稳定，懂得运用积极的情绪暂停，跟孩子建立好连接、尊重孩子、宽容又不失原则、教授孩子相应的技能至关重要。

第四阶段：学龄期(6、7岁~12岁)

本阶段儿童的主要发展是获得勤奋感，克服自卑感，体验着能力的实现。儿童在这一时期智力、能力有了快速的发展，社会活动范围随之扩大，儿童依赖的重心也由家庭转移到学校、少年组织等社会机构方面。埃里克森认为，许多人将来对学习和工作的态度、习惯都可溯源于本阶段的勤奋感。这一阶段的勤奋是受鼓励的，如果孩子的学习得到了同伴、老师和家长的认可，他就认为勤奋对他来说是有用的，由此养成勤奋的习惯，从勤奋中寻找成功的机会。

相反，如果学习得不到同伴、家长，特别是老师的认可，有些孩子就会对勤奋产生质疑，他会认为勤奋对自己是没有用的，从而放弃了对勤奋的追求，并产生自卑感。在这一阶段，给孩子积极的反馈、描述式的鼓励也相当重要，对增强孩子的自信心、自制力、抗挫力都很有帮助。

瑞士认知心理学家皮亚杰从儿童认知发展的角度将人的思维发展划分为四个阶段：感知运动阶段、前运算阶段、具体运算阶段和形式运算阶段。他认为所有的儿童都会依次经历这四个阶段，新的心智能力的出现是每个新阶段到来的标志，而这些新的心智能力使人们能够以更为复杂的方式来理解世界；虽然不同的儿童会以不同的发展速度经历这几个阶段，但是都不可能跳过某一个发展阶段。同一个体可能同时进行不同阶段的活动，这明显地表现在从一个旧阶段进入一个新阶段的转折时期。而我们的关键期（0～12岁）刚好覆盖了这四个思维发展阶段，充分说明关键期之所以是关键期，很重要的一个原因是0～12岁是儿童认知能力发展的主要阶段，必须抓住这四个阶段对儿童的认知能力开展启发、引导、训练，否则随着初高中学习难度增加，对思维逻辑性、抽象性等学习能力的要求提高，孩子将无法胜任，进而导致孩子初高中的学习成绩受影响，这也是广大家长颇为在意的一件事。

处于感知运动阶段的儿童年龄大致为0～2岁。处于感知运动阶段的儿童会表现出以下明显特征：①通过探索感知与运动之间的关系来获得动作经验。②低级的行为图式。③获得了客体永恒性。所谓客体永恒性，是指儿童脱离了对物体的感知而仍然相信该物体持续存在的意识。例如，幼儿在玩"藏猫猫"游戏时，对方藏起来，幼儿虽然看不见对方，但幼儿会用眼睛到处寻找，而不是认为对方消失不见了。儿童在9~12个月时获得客体永恒性。月龄9个月前的孩子在妈妈上班时会撕心裂肺地痛哭，有严重的分离焦虑，就是因为孩子没有建立客体永恒性的观念，认为妈妈上班就会永远消失不见。

处于前运算阶段的儿童年龄为2~7岁。处于该阶段的儿童会表现出以下特征：①"万物有灵论"。亦称为"泛灵论"，此阶段的儿童认为一切都是有生命的。例如，他们不小心折断家里的盆栽树枝，会像父母对待自己一样，用小嘴巴给树枝吹，安慰小树枝不疼。②一切以自我为中心。例如，儿童会把自己喜欢的东西和别人分享，因为他们认为自己喜欢的，别人也会喜欢。③思维具有不可逆性、刻板性。最能体现这一特征的表现是儿童能知道1+2＝3，却不知道2+1等于多少。④没有守恒概念。例如，把盛在矮胖杯子的水倒入瘦长形的杯子里，儿童看到水位上升了，便认为水变多了。⑤作判断时只能运用一个标准或维度，非黑即白。例如，处于该阶段的儿童在看电视剧的时候，倾向于问谁是好人或谁是坏人，且他们判断的标准较为单一。

处于具体运算阶段的儿童年龄为7~11岁。处于该阶段的儿童的表现大致与前运算阶段相反，有了较大的发展，具体表现出如下特征：①守恒观念已形成。明白1斤棉花和1斤书是同等重量，尽管它们形状大小相差很大。②思维运算必须有具体的事物支持，具有简单的抽象思维。例如，小朋友去过小伙伴家几趟后，便可以画出去小伙伴家的路线图。③理解原则和规则，但只会刻板遵守规则，不敢改变。④思维具有可逆性。

处于形式运算阶段的儿童年龄为 11~16 岁，这个年龄段儿童的认知发展水平基本趋近成人的水平。处于形式运算阶段的儿童会表现出如下特征：①能够通过逻辑推理、归纳或演绎方式来解决问题。②能够理解符号意义，能进行一定的概括。③思维具有可逆性、补偿性和灵活性。

发展心理学告诉我们，根据儿童身心发展不同阶段的规律和特点开展家庭教育是一件高效而有益的事。当你的孩子正处于 0~12 岁这个关键期，作为家长，懂点发展心理学很有必要，这比购买学区房、参加培训班更有用。

一 关键期教育对人一生成长的重要性

关键期决定孩子的一生，这句话绝不是夸大其词。

1920 年，在印度一个名叫米德纳波尔的小城，人们常常见到一种"神秘的生物"出没于附近森林，一到晚上，就有两个用四肢走动的"像人的怪物"尾随在三只大狼后面。后来，人们打死了大狼，在狼窝里找到了这两个"怪物"，原来是两个裸体的女孩，大的女孩年龄约七八岁，小的女孩年龄约两岁。人们把她俩送到米德纳波尔的孤儿院去抚养，大的取名卡玛拉，小的取名阿玛拉。第二年，阿玛拉死了，而卡玛拉一直活到 1929 年。这就是曾经轰动一时的印度"狼孩"的故事。据了解，七八岁的卡玛拉刚被发现时，她只掌握了六个月大婴儿所掌握的语言和生活技能，人们花了很大精力培养教育都不能使她适应人类的生活方式。两年后她才会直立，六年后才艰难地学会独立行走，但快跑时还得四肢并用。她到死也未能真正学会讲话：四年内只学会 6 个词，听懂几句简单的话，七年后才学会 45 个词并勉强学会了几句话。在她人生最后的三年中，卡玛拉终于学会在晚上睡觉，也不怕黑暗了。很不幸，就在她开始朝人的方向"进化"时，却早早地死去了。据"狼孩"的喂养者估计，卡玛拉死时年龄在 16 岁左右，不过，她的智力只相当于一个三四岁的孩子。

与世隔绝的案例不止这一个。在第二次世界大战期间，一位士兵由于在森林中迷路，独自在深山老林过了 20 多年与世隔绝的生活。当他被其他人撞见并带回人类社会之后，这个士兵只是在开始一段时间出现了语言障碍，说话词不达意，但没过多久，他的语言功能就开始恢复，能顺畅与人交流并告知大家他在深山的孤独经历，后来这个士兵还娶妻生子、回归社会，过上了正常生活。

同样是人类与世隔绝，为什么结局大相径庭？其实奥秘就在于教育的"关键期"。身处关键期的时间节点时，"狼孩"在狼群中度过，错失了人类教育的最好时机，所以即使最终回归人类社会受到了人类最好的教育和培养，终究还是因为关键期教育的丧失，永远也不可能达到人类正常的心智水平。而那位士兵虽然在森林中度过了 20 多年时间，但是他是成年以后才生活在森林与世隔绝的，教育的关键期他是在人类世界度过的，心智已经发育成熟，所以当他重返人类社会后只需要短暂的适应期就能回归人类正常生活。

国内外大量实证研究表明，儿童发展存在显著的关键期。婴儿学习咀嚼的关键期是 6 个月；分辨大小、多少的关键期是 8 个月；2~3 岁是儿童确立规则和计算能力发展的关键期（指数、点数），尤其是 3 岁时期；3~5 岁是音乐才能发展的关键期，建议学习拉小提琴从 3 岁开始，学习弹钢琴从 5 岁开始，当然郎朗那种天赋超常的钢琴神童不在讨论范围之内；4~5 岁是学习语言的关键期；3~8 岁是学习外国语言的关键期；9~10 岁是从注重行为后果到注重行为动机的关键期。总体来说，良好的学习习惯养成期是幼儿阶段和小学阶段，初中为辅助阶段，尤其是小学一年级、二年级，这是建立行为常规、培养良好学习习惯的关键期。养成教育中很重要的一个环节就是抓住关键期，对孩子的各种行为习惯和学习习惯进行培养，为日后的工作和学习打下坚实的基础（关鸿羽，2003）。发展心理学告诉我们，生理是心理的基础，心理现象与生理基础密不可分。同理，虽然儿童的关键期现象是在幼儿教育领域率先发现的，但是神经生理学这些自然科学的研究也为关键期的存在提供了有力支撑。美国底特律市韦恩州立大学儿科神经生物学家哈利·丘加尼教授对婴儿大脑进行扫描后发现，婴儿大脑的各个区域在出生后会一个接一个地活跃起来，并逐步建立联系。科学家把大脑接收外部信息的时间段称为"机会之窗"，"机会之窗"会打开也会关闭。打开之时，孩子学习新知识、新技能就会变得容易且轻松，当错失"机会之窗"的时候，同样的学习会变得异常艰难。其实，这个生理上的"机会之窗"就是我们所说的关键期。

儿童教育中一旦错过关键期，就会产生或大或小的遗憾，而且在以后的成长过程中很难弥补，即使勉强弥补起来也会花费比关键期养成更多倍的精力、时间和金钱，可见关键期对孩子的作用力和影响力。关键期对孩子的影响是终身的，其影响力是不可逆的。关键期是大自然赋予孩子顺利成长的生命助力，聪明的父母不会盲目逼着孩子错开关键期费力地学这学那，而是耐心等待孩子关键期的到来，抓住关键期，让孩子自发、自主地快乐学习和成长，这不仅让学习变得轻松愉快，而且更成功高效，能收到事半功倍的效果。

二 关键期儿童的主要压力

0~12岁是孩子教育的关键期，孩子会面临人生两件大事：一是6~7岁上小学，进入国民教育体系，开始系统学习文化知识；二是小升初，脱离教育体系保护，直面同龄人之间的学业竞争，功课的难度和抽象度也在不断加大。这两个时期都是孩子的挑战期，伴随着压力的陡然增大，孩子的心理也会发生一些变化，如出现迷茫、恐惧、忐忑等心理，负面心理必然带来行为异常，如逃学、沉迷网络、说谎等。现实中很多孩子迷恋网吧、逃学旷课、不回家，这种行为其实是孩子对家长和学校发出的强烈抗议和求救信号。不过当孩子已经发出如此强烈的求救信号时，家长才重视孩子的心理问题，往往有些滞后，收效甚微。为人父母，我们应在平时多关注孩子的言行举止，预防问题发生。即使出现问题，也应尽早发现孩子发出的求救信号，寻找合适机会及时交流，对症下药，解决问题，帮助孩子释放压力，同时指明前进方向，不要指责和训斥，要不断鼓励和支持孩子。

关键期儿童家庭教育的几个误区

（一）"打是亲，骂是爱"是家庭教育的谎言

"打是亲，骂是爱"是中国不少家长的教育理念，尤其是在乡村和父母受教育程度比较低的家庭，他们信奉"黄荆条下出好人，棍棒之下出孝子"的人生理念，在教育孩子时非打即骂，希望孩子记住前车之鉴。但他们忘记了打骂的初衷是为了纠正孩子的错误行为，让孩子变得更好。大量教育实践表明，这种教育方式收效甚微，多数孩子并不会因为受打骂而反省错误，改正行为，反而会对父母产生恐惧、讨厌、不满、憎恶等负面情绪。很多父母看到孩子被打骂后变化不大，不以为然，反而觉得是自己教训太轻，孩子才没有长记性，忘记了体罚的教育初衷，于是体罚升级，亲子关系进一步破裂。其实这是我们不了解孩子的心理发展规律和特点导致的，孩子和成人不一样，成年人心智发育成熟，处理事情理性优先、利益优先，孩子处理事情则遵循的是"情绪判断优先定律"，当孩子对父母产生不满情绪以后，首先会记住当时的恐惧，而忘记对错误的判断和反省，同时还会因为父母的不理解和不尊重而对父母产生隔阂，从而屡教不改。

仔细分析打骂教育，会发现有很大的局限性。首先，从表面上

看，好像打骂教育可以在短时间内促使孩子克制自己的不良欲望和错误行为，但是它却不能从根本上解决问题，甚至导致孩子犯错后为逃避打骂而说谎，变得阳奉阴违。其次，打骂这种粗暴的教育方式给孩子带来的心理创伤也不容忽视，它会侵犯人格、扼杀个性，降低孩子的自尊感，使孩子变得逆来顺受、胆小怕事，而且孩子受到的心理伤害远胜肉体创伤，有的甚至伴随终身，如缺乏自信、缺乏安全感、低自尊感，严重的甚至导致孩子产生仇恨和报复心理。例如，著名作家陈忠实的小说《白鹿原》中有个角色叫黑娃，他是白鹿原上地主白嘉轩的管家鹿三的儿子。白嘉轩对鹿三的儿子十分爱护，就像管教自己的孩子一样从小严格管教黑娃，甚至在其犯错以后进行棍棒教育，但是黑娃并没有感受到白嘉轩的真诚爱意，内心反而对他充满仇恨。长大以后黑娃当了土匪，回村第一件事就是用枪杆子把白嘉轩的腰打断，然后扬言："我恨你从小就挺着腰板教训我！"

在惩罚孩子的时候，我们一定要记住两个成语——过犹不及、物极必反。这两个成语的意思是事情发展到极点，一定会向相反方向转化，告诫我们做任何事情都要把握一定的尺度，尤其是在惩罚孩子的时候。惩罚太盛，必将对孩子失去惩罚效应，打骂亦如此。

无数事实证明，"打是亲，骂是爱"是最大的谎言，暴力教育从来不会让孩子变得顺从、懂事、聪明，反而会在孩子心里种下对父母深深仇恨的种子，所以在教育孩子时，我们一定要遵循人际交往的基本准则：先处理情绪，再处理事情。我们应试着共情孩子，安抚孩子，待孩子情绪平稳后再进行教育和引导，最后解决问题。打骂教育其实是对解决孩子问题缺乏应对智慧的表现，是无力的表达，是一种畸形的教育方式。现代家庭教育中应尽量避免打骂教育，即使是有限、轻微的家庭体罚（如罚站、独处、用扇子打小屁股）也不是以打人发泄情绪为主，而是要让孩子明白为什么受罚，今后如何改正从而避免受罚，体现了即使进行有限体罚也是以教育为主的人性关怀。

（二）关于家庭教育中的"红白脸"现象

关于父母在孩子教育中的角色分工，由于大多数传统家庭是母亲负责孩子的日常养育等各种琐事，而父亲负责把方向、谋大局，对孩子抚养、教育的具体事务参与较少，所以母亲是孩子教育的参与者、实施者，是孩子学习模仿的榜样，而父亲是养育、教育规则的制定者、监督者、管理者，是权威。当然，"丧偶式育儿"不在此次讨论范畴，那属于父亲在家庭教育角色中缺位的极端情况，是错误的、不负责的家庭教育模式。

母亲对孩子的影响力超乎寻常、无可替代，有句话说"母亲的格局和眼界决定着孩子的人生高度"，这句话是有道理的。母亲对孩子教育的影响力从怀孕那一刻起就开始存在，母亲在孩子0~3岁时给予的陪伴和爱护对孩子一生安全感的养成、良好亲子关系的形成具有重要作用。母亲的信任和支持对孩子健康人格的形成起着直接的引导作用。母亲乐观、勇敢、坚强的品质，其情绪表达方式、处事方式和审美情趣都会以潜移默化的方式传递给孩子，孩子也更容易成为坚强、乐观、不惧困难、积极进取的人。父亲在孩子成长过程中提供一种孩子对男性认知的基本模式和最初模式，也是孩子长大后亲密接触的第一个男性角色，男孩更容易将父亲看作将来发展自己男性特征的现实模板。父爱如山，父亲是权威的象征，父亲对孩子的评价对孩子的人格养成具有至关重要的作用，父亲对孩子的激励和认可不亚于母亲的鼓励。因此，在日常生活中，母亲的角色分工其实就是言教不如身教的实施者、践行者，以自己的努力、上进、积极乐观给予孩子正面、积极的引导，而父亲最重要的教育任务就是给予孩子更多的积极评价、肯定和关爱。

　　尽管在教育孩子的过程中父母可以有不同的分工，但其教育理念和教育态度要自始至终保持一致。由于父母双方的生活经历、受教育程度、个性等不同，所以在对孩子的教育目标、教育态度、教育方法方面存在差异，也非常正常。但教育子女是一项复杂的系统工程，最大的忌讳就是父母教育子女的态度不一致，当矛盾展现在孩子面前时，孩子就会有空可钻，所以父母正确的做法是当面达成一致，在孩子面前自觉维护对方在孩子心目中的威信和形象，即使教育意见有分歧，也要避开孩子讨论分歧。还要忌讳的就是"红白脸"教育模式，如"父管母护""严父慈母""严母慈父"，这样会导致在家庭中孩子觉得只有一个人说了算，只怕一个人，也只听一个人的话，当严格的"白脸"在家时，孩子会察言观色、乖巧听话，而一旦"红脸"在家，孩子则会我行我素，无法无天，难以管教。家长对孩子的教育态度要保持一致，这不仅局限于三口之家，三代同堂的家庭更应注意。因为在三代同堂的家庭中"隔代亲"现象依然顽固，孩子犯错，父母教育、处罚时，爷爷奶奶或姥姥姥爷则讲情护短，甚至当着孩子的面指责父母或为孩子出气假装打父母，这些做法会让父母对孩子的教育成效大打折扣，损害父母在孩子心目中的威信。这样教育就导致孩子谁的话都不听，或谁在面前听谁的，或者谁对自己有利听谁的，过早学会两种面孔对人以及看人行事的不良行为习惯。总体来说，父母要为孩子营造一个合作、统一、教育态度一致的家庭教育氛围。当然，在基本态度一致的基础上，确实有个别家长望子成龙心切，难免有急躁冒进甚至冲动体罚孩子的时候，这时另一方一定要及时制止。双方教育态度一致并不是允许另一方使用暴力或冷暴力方式来责罚孩子，批评教育甚至一定程度的责罚和暴力处罚是有本质差别的。

（三）关于赢在起跑线

近几年很多家长热衷于购买学区房，对孩子的教育从早教甚至胎教抓起，社会上各类补习班、兴趣班生意兴隆，低龄孩子出国潮现象越来越多，陪读妈妈、全职妈妈等一系列新的教育现象出现都反映了广大家长对子女教育的过度焦虑，海淀妈妈、顺义妈妈更是因"鸡娃"而全国闻名。为什么"鸡娃"越来越低龄化？其实就是"怕输在起跑线、想要赢在起跑线上"的教育焦虑情绪在作祟。

我们以德国的学前教育和基础教育为例，《德意志联邦共和国基本法》（即德国宪法）第七条第6款明确规定，禁止设立先修学校。用德国教育专家的话来说，小学前的德国孩子唯一的任务就是"快乐成长"，因为孩子的天性是玩耍，所以要做符合孩子天性的事情，而不是违背孩子的成长规律。这种教育理念不只是在德国推崇，在整个欧洲皆如此，他们甚至认为让低幼孩子在本该玩耍的年龄超前学习、过度学习只会扼杀其创造力和想象力，让孩子失去学习的兴趣和创造力，大脑变成电脑硬盘，养成被动接受知识、存储知识而疏于主动思考的习惯，所以德国的做法与我们提前让孩子学习生怕孩子输在起跑线上的教育方法相比，简直就是大相径庭，其所作所为就是禁止孩子超前学习。德国的这种尊重孩子发展规律，注重孩子好奇心、兴趣和能力培养的做法得到了大量科学研究的支持，因为强烈的好奇心和学习兴趣是儿童学习与发展的基础（刘云艳和张大均，2004）。在儿童漫长的成长过程中，好奇是起点，兴趣是持续的好奇，其贯穿孩子一生，连接终点。儿童的好奇心和学习兴趣不是靠强化训练和知识灌输来维持的，只有创设丰富的物质环境，为儿童主动探索、持续学习提供机会，将儿童对事物好奇的知觉变成行动，通过不断的活动区探索和发现，才能让儿童持续地保持好奇心与兴趣。这也不难解释为什么我国在基础教育尤其是国际数学、物理奥赛方面表现出色，却很少有数学、物理诺贝尔奖获得者，而"输在起跑线上"的德国人（含移民国外的德裔）获得的诺贝尔奖数量是诺贝尔奖获奖总数的一半。以笔者的孩子为例，当周围的孩子都在小学三四年级开始学习奥数、练习奥数并以奥数竞赛取得良好成绩为荣时，笔者的孩子却在坚持素质教育，让喜欢唱歌的孩子学声乐、学古筝，为锻炼孩子强健的体格和培养艺术气质而学艺术体操和舞蹈，初中时按照孩子意愿报名参加以练习英语口语和提高沟通交流水平为目的的英孚英语教育培训，并不是以提高英语成绩为目的而学习英语，当时很多人都质疑，认为这么做不值得。尽管这些素质教育内容花费了许多时间、精力和金钱，且对提升孩子当时在学校的考试成绩毫无助益，但父母爱孩子则为之计深远，10多年之后再来看：练习体操让原本爱生病的孩子身体变得强壮，为后续健康而顺利地度过高三高强度的学习生活打下了坚实的身体基础；英孚英语的学习为孩子大三参加美国南加利福尼亚大学（又译南加州大学）暑期科研奠定了良好的语言基础；声乐、舞蹈的持续学习既帮助孩子养成了吃苦耐劳的精神、磨炼了坚强的意志品质，同时也为孩子大学进入校艺术社团崭露头角提供了可能。

所以，笔者呼吁我们的家长朋友多一点耐心，在教育上不要急功近利，平和、长远、专注、耐心是我们家庭教育的关键词。妈妈们，不要教育焦虑，请尊重孩子的自然发展规律，不要怕输在起跑线上，更不要抢跑，爱护好孩子的兴趣和好奇心，快乐成长，一切都来得及。

（四）"都是为了你好"的教育悖论

"都是为了你好"这句话的潜台词是"听我的，我知道什么是对你最有益的，我为你好才这么要求你，所以无论你喜欢不喜欢，都必须照办"。这样说话的家长内心都是自以为是、居高临下的，把自己当成孩子人生的设计师、总指挥和救世主，实际上这句话也包含一个假设，就是"只要我的出发点是好的，结果就一定是好的"，当然大家也知道这种假设是不成立的。另外，这句话还包含一个前提：孩子自己不知道什么对自己好，所以一切都以父母的意见为准。这个观点对于低幼孩子或许是一个事实，但是对于比较大的孩子而言那就是一场灾难，是对孩子自我成长内驱力的最大抹杀。

纪伯伦在《论孩子》中曾写道："你们的孩子，都不是你们的孩子，乃是生命为自己所渴望的儿女。他们是借你们而来，却不是从你们而来，他们虽和你们同在，却不属于你们。"①这段话意义何在？这段话主张什么样的教育行为？相信大家都清楚明白。

　　有教育专家指出，国内教育最缺失的地方就是正视孩子的独立性和权利，孩子一生下来就是一个独立的个体，孩子就是孩子，父母就是父母，孩子不属于任何人，只属于他自己，孩子的主观感受谁也代替不了。即使孩子有的时候做出了在我们大人看来幼稚甚至错误的选择，我们也只能在一旁引导、提醒和教育，如果孩子接受、采纳当然好，不采纳也只能作罢，因为他的人生应由他自己书写，当然所引发的后果也必须由他来承担，而不能简单粗暴地干涉、阻止，甚至把自己的意愿强加给孩子。我们必须充分认识到：孩子的主观感受是谁也代替不了的。以笔者的孩子为例：小学坚持素质教育，小学五年级才断断续续开始了奥数的非系统学习，尽管相比而言奥数学习起步晚，但因为十一二岁正是孩子逻辑思维、抽象思维发展的关键期，所以抓住关键期的奥数学习还是帮助孩子在小学六年级拿到了国际奥林匹克数学竞赛、全国华罗庚金杯少年数学邀请赛两个三等奖，并在小升初考试中以优异成绩被市内几所重点初中录取，且在进入初中后入选学校数学竞赛队。但在读初二时，孩子觉得兼顾数学竞赛和其他学科的学业压力太大，在没有和父母商量的情况下就独自决定不去参加数学竞赛班的培训了，后来学校班主任老师告诉了我们，但因为孩子缺课太多已经被数学竞赛班的老师劝退，尽管我们很生气，但作为父母还是尊重了她的选择。初高中

---

①　资料来源：纪伯伦. 先知·沙与沫 [M]. 北京：商务印书馆，2003.

读书期间，需不需要课外拓展上课？上什么课？跟谁上？上多久？我们把选择权和决定权都交给了孩子，因为孩子才是学习的主体，只有她知道自己学习的短板在哪里。因为将拓展课决定权交给了女儿，女儿每一次上课学习都非常主动积极，她体验到了自己对学习生活的操控感，完全没有赶鸭子上架的被动学习和被安排的感受，学习的内驱力得到了极大激发，当然最后女儿也以高考数学 147 分（满分为 150 分，女儿所在重点中学理科实验班有很多奥赛高手）、年级第一、四川省前十名的单科成绩证明了"没有系统学习奥数，就不能考好高考数学"是个伪命题。

要尊重孩子主观意愿，而不是打着为孩子好的旗号任意干涉孩子的自我选择，父母一定要时刻提醒自己，不要用爱去限定孩子的人生，孩子的生活要由他自己去创造。哪怕他在生活中走了弯路，撞了南墙，那也是生活的一部分，作为父母要做的就是站在一边关注他、支持他并在他需要的时候提供力所能及的帮助，所以父母不妨放松自己，选择、面对、失败也是生活的一部分，不是吗？也许孩子自我选择的人生比我们设定的要辉煌很多呢？

最好的成长是自我成长，最好的控制是自我控制。为人父母，最重要的是引导孩子学会独立思考、独立决断、为自己负责，充分释放孩子自我发展、自我完善的内驱力，身体力行，体验成长的困惑、正视成长的挫折，并获得成长的勇气。

（五）关于感统失调

最近，在幼儿教育领域有一个非常热门的词汇"感统失调"，一些早教机构也开设了诸多"感统训练"的培训课程。随着社会认识和医疗水平的不断提高，除了少年儿童体质问题引人关注以外，一种特殊的"时代病"——感觉统合失调（简称"感统失调"），也越来越被社会所认识。有关研究表明，我国儿童中感觉统合失调者比例高达80%，这一比例在我国大中城市尤为突出。正视我国儿童感统失调的严峻现实，抓住孩子感统训练的窗口期，充分进行科学的预防和干预，是目前为止我们必须要做的事。

什么是感统失调？感统失调对孩子成长有什么危害？是什么原因导致孩子尤其是城市中的孩子大量出现感统失调？如何预防和治疗？下文将一一进行解答。

1. 感觉统合与感统失调

"感觉统合"这个概念由美国南加州大学艾尔斯博士于1972年提出，简称"感统"，是指将人体器官各部分感觉信息输入组合起来，经大脑统合作用，对身体外的知觉做出反应。只有经过感觉统合，神经系统的不同部分才能协调整体作用使个体与环境顺利接触；没有感觉统合，大脑和身体就不能协调发展。

艾尔斯认为，感觉统合是大脑对信息进行加工的过程，是个体复杂心理和行为活动的基础。该过程分为信息获取、信息加工和信息表达三个环节。其中，个体的信息获取主要通过视觉、听觉、触觉、嗅觉、味觉、前庭觉和本体觉等渠道完成，信息加工依靠中枢系统进行，信息表达则通过运动神经完成。上述过程是一个系统、精密合作的过程，任何环节有问题都会出现感统失调的症状，具体表现为身体运动协调障碍、结构和空间知觉障碍、身体平衡功能障碍、视听觉语言障碍和触觉防御障碍等。

换句话说，感统失调其实就是儿童大脑在发育的过程中出现很轻微的障碍。当然，孤独症、多动症的孩子往往也伴有感统失调，这类孩子治疗感统失调需要通过药物配合感统康复训练才能纠正，但对于大多数孩子来说，感统失调只是一种因大脑发育的轻度障碍而导致的学习障碍。也就是说，轻度的感统失调并不是一种真正意义上的病症，当然更不需要药物治疗，只需要在 12 岁以前有针对性地加强感统训练和干预，孩子就能跟上正常孩子的发展步伐。感统失调的孩子其智力都是正常的，只是孩子的大脑和身体各部分的协调出现了障碍，使得许多优秀的能力表现不出来。感统失调的最佳矫正期在 6 岁前，如果不及时进行干预，它不仅影响儿童的学习和生活，而且影响儿童身心的健康发展，一旦超过 12 岁就会定型，无法改变。

2. 儿童感统失调的危害

很多家长觉得，孩子三四岁时说话不清楚，五六岁时走路不稳，七八岁时好动、注意力不集中，这些感统失调的表现，都是成长过程中的正常现象，自己小时候也是这样过来的，没什么大不了的。但现实是残酷的。我国由于对感觉统合认识较晚，因此感统失调率较高。2020 年研究调查显示，中国儿童感统失调率已达到 80%，其中 30% 为重度失调[①]。

感统失调的儿童通常无法有效地组织感觉信息，导致出现触觉障碍、本体感觉障碍、前庭平衡障碍、语言障碍、空间感知障碍及

---

① 资料来源：https://baijiahao.baidu.com/s? id＝1717722992447039991&wfr＝spider&for＝pc。

听觉障碍等。这些障碍十分不利于儿童个体的健康发展，并且容易产生持久、广泛的不良影响。如果不能对感统失调的儿童及时进行矫正，最终可能会导致其出现不同程度的行为问题、情绪障碍、学习困难以及人际关系障碍等。

儿童感统失调的危害主要表现在三个方面：

第一，日常行为方面：①好动不安定（多动），影响学习效率；②动作不灵活，坐不直，站不直，容易跌倒，影响孩子社交、体育活动和自信心；③言语发展迟钝，发音技巧、词汇认知、听觉辨识能力存在障碍，唇舌声带的使用技巧有缺陷，影响语言能力（要靠视觉、听觉、嗅觉的综合作用），导致孩子社交、情感表达、学习能力不足，从而影响自信；④讨厌被触摸，导致怕生、惧怕陌生环境；⑤胆小，极端异常地害怕，怕摇晃，怕爬高，怕下楼，怕旋转，重心不稳，情绪不安，身体不灵活；⑥反应迟钝，对事件反应太极端或太迟钝；⑦大小肌肉发育不良，手眼协调性不佳，眼球运转困难，注意力分散，偏食，身体功能动作失常，运动不足，影响人际交往和自信心。

第二，学习方面：①不能正确区分左右手，触摸手时会喊疼，手不灵活，手眼协调能力差，写字力气不足，图画填色游戏常常将颜色涂在规定色块之外；②坐无坐相，坐下时常弯腰驼背，两手无处放，常托在腮上等；③对语言的认知和了解落后于大多数同龄小朋友，如用把脚举高来表示赞成，做游戏时用躲开行为表示拒绝等；④阅读、写作困难，听写速度特别慢，常漏字，写作业常漏题；⑤面对各项学习任务，明显自信心不足。

第三，生活方面：①偏食、挑食严重，怕剪指甲、洗头、洗澡、洗脸；②排列东西经常搞错，分不清左右、前后等空间概念，鞋子常左右不分穿错，玩具、物品常前后排列错误，无法正确归位；③拿扫帚、拖把时动作不协调，显得很笨拙（大多是前庭平衡能力不足）；④不爱讲话、极端害羞，轻中度自闭，没有伙伴，缺乏团队精神，说话条理不清，自理能力较差，缺乏主动意识；⑤不喜欢或特别喜欢热闹场合，常表现得不合群，做事固执，不讲道理，"无理取闹"。

例1：华华，男，4岁。第一次发现他有感统失调是在入园前一天幼儿园新生熟悉环境时，当时华华的奶奶抱着他来向老师问好，老师发现孩子目光游离，无法与老师对视。当老师问他"你叫什么名字"时，孩子机械地重复老师的问话"你叫什么名字"，没有回答老师的问题，且发音含混不清，语调缺少变化。入园后老师进一步观察发现，华华胆小，缺乏自信，不敢上下楼梯，进餐时不会正确地持勺，不会穿脱衣服和鞋袜，动作发展不协调。与人语言交流有困难，总是独处，不与同伴交往，活动和午休时会自言自语。时常坐不住，注意力易分散，喜欢到处跑，存在明显的学习和交往障碍。

例2：媛媛，女，3岁。刚上幼儿园不久就被老师劝退，据老师反映，媛媛在幼儿园几乎无法安静下来，无论谁到教室来，她都会不顾一切地跑过去看是谁来了。当别的小朋友在看书或玩玩具时，她都会故意去搞破坏，甚至争抢别人的玩具，还把小朋友抓伤了。老师多次劝阻她，她当面承认错误，但是转头又犯，丝毫未改。她精细动作差，不能自己拿勺子、筷子吃饭，涂色经常不能涂在指定范围内；动作协调性不好，做操常常"顺拐"；喜欢转圈圈，没有眩晕感，只要有机会就会要求老师抱着她转圈；用触觉球对她进行脚底按摩，她也毫无痒感。

3. 感统失调原因

（1）先天不足。

有些职场妈妈孕期工作忙碌、紧张、焦虑、运动不够、家务劳动时姿势不佳等，影响到了胎位，进而影响胎儿平衡的学习。有些母亲吸烟或被动吸烟，喝酒、浓茶、咖啡等引起胎盘微血管萎缩，影响胎儿营养的摄入，造成胎儿大脑发育不足，导致孩子出生后感知觉功能发育不正常。当然，还有剖宫产或者早产，导致胎儿部分神经功能受损。笔者在咨询中曾经遇到一个感统失调的孩子，母亲是企业部门经理，工作紧张、压力大，怀孕 7 个月时还在拼命工作，这种焦虑不安的情绪就影响了胎儿，导致孩子神经系统发育不良，感统功能受损。

（2）生活环境过于封闭，与大自然和社会环境接触少。

从感统失调孩子统计数据中的大中城市孩子占比远高于乡村孩子，我们应该能看出端倪。0～3 岁是孩子建立感觉统合能力的最佳时期，而现在城市中的孩子大多是独生子女，居室又都是封闭的单元房，与自然和社会的接触少。3 岁以内缺乏同龄伙伴，无兄弟姐妹可模仿，孩子易养成依赖性强、独立生活能力差、孤傲任性的性格。如果到了 3 岁还舍不得让孩子进幼儿园，这对孩子以后人际交往能力的发展极为不利。这些孩子可能会有语言发育和社交方面的障碍。例如，某幼儿园的 5 岁孩子文文，爸爸在外地工作，妈妈工作十分忙碌，经常出差和加班。文文家住高楼，一个人跟年逾花甲的奶奶生活，因此他的生活十分枯燥与单调，平时除了上幼儿园，就是回家看看电视，想要外出找小伙伴玩，奶奶怕出事又不许。这种封闭的生活环境自然使他接收外界感觉信息刺激的机会变少，感觉统合不协调也就在所难免。

（3）缺乏应有的游戏活动和亲子活动。

当新生儿躺在妈妈温暖的怀抱中，听到妈妈亲切、充满关爱的声音，吸吮母亲的乳汁时，他们便能感知外部大千世界的光亮、颜色、声音、气味、温度等刺激；婴儿在"三抬四翻六坐，七滚八爬九走"时，幼儿在戏要打闹玩"过家家"时，感觉统合功能就在逐渐形成、不断完善。然而现在的家长对孩子从小宠爱有加，生怕孩子摔跤，怕孩子把衣服弄脏，该学爬时不让爬，该学走时不让走，早早就给孩子买好了童车，过多依赖学步车，都会导致孩子感知觉刺激不足，发育不良。此外，现在儿童玩具虽然多，但大多为电动玩具，孩子们很少有在室外奔跑、跳跃、爬树、翻墙、涉水、玩泥沙等体验，一些传统的游戏如打弹子、跳格子、跳皮筋、滚铁环、玩纸板、捉迷藏等也早已被淘汰，让孩子们失去了与大自然和同伴接触、锻炼的机会，孩子身体各方面的平衡控制能力没有得到很好的锻炼和发展，结果到上学时，就容易发生抄写漏字、速度慢等问题。这是由于手、眼协调能力差，大脑无法有效驾驭身体各部分，常常发生错误的判断与行为的缘故。

（4）家庭教育方式的偏差。

独生子女政策导致孩子同龄玩伴减少，家长对孩子保护过度、娇宠溺爱，导致孩子身体操作能力欠缺。个别孩子不会使用筷子，不会自己穿衣服、系鞋带，生活自理能力差，甚至连球也拍不了几下。而在"智能"培养上，有的家长则过分注重孩子视觉能力与听觉能力的开发，让孩子学钢琴、学画画、学外语等。这使得孩子的负担过于沉重，压制了孩子参与玩耍和接触外部世界的体验，抑制了孩子爱玩耍的天性，助长了孩子日后的厌学心理。以前的孩子，玩耍就是玩耍，游戏就是游戏，可是现在的孩子就连做个游戏、玩个玩具都要益智型的，要能够培养某方面能力的，反而使孩子失去了自然而可贵的童趣，也会导致孩子在该做游戏的年龄游戏不足，该与同伴玩耍的年龄交往不够，该与大自然亲近的年龄被"圈养"，这些都是孩子感统失调的罪魁祸首。

4. 儿童感统训练

家庭是儿童成长的第一环境，父母是孩子的第一任老师。如果家长有意识地及早对孩子进行感觉统合训练，可以在一定程度上预防感统失调。0~6岁孩子的初期家庭感统训练主要以触觉功能训练、前庭功能训练、本体感觉功能训练和综合训练为主，遵循儿童中心、兴趣性、快乐性、积极支持性、主动性、渐进性等原则，常见的感统训练做法如下：

（1）抚触法。

淋浴后擦拭孩子肌肤、涂抹乳液、与儿童言语交流、拉手、伸腿、捏捏手指和脚趾等。抚触时间不宜过长，最好伴随轻柔的音乐和父母的关爱语言，父母要细心观察孩子身体各部位的情况，以便及时发现孩子发育不足之处。

（2）挑豆子游戏。

这是一款可以有效提高孩子注意力和动作协调能力的游戏。具体玩法：家长在游戏开始前准备几双筷子和若干豆子，然后和孩子约好比赛，看谁能在规定时间内夹出更多的豆子，谁夹得多谁就获得胜利。这款游戏可以很好地锻炼孩子手眼协调的动作协调能力，训练孩子手部肌肉的精细动作，缓解孩子触觉失调的情况，比赛的形式也能更好地激发孩子的参与性。说实话，笔者的孩子小时候动作协调性较弱，尤其手指的精细动作发育不好，到 5 岁时筷子用得依然不好。笔者曾经给孩子做过这类游戏，只不过将挑豆子调整成了挑玻璃弹珠，难度更大，练习过几次后发现孩子进步很大，终于顺利解决了用筷子难的问题。

（3）不倒翁游戏。

这款游戏可以有效地提高孩子的平衡能力，促进孩子平衡感的发展。具体玩法：父母和孩子保持一定距离，然后双方伸开手臂，拉着手一起在原地旋转。旋转完毕后，下次旋转的时候换方向旋转，游戏输赢规则是谁先停下来谁输。这个游戏可以有效促进孩子前庭神经系统的发育，提高孩子的身体平衡能力和方向感，缓解孩子前庭神经系统失调的状况。

（4）跳格子游戏。

这款游戏的玩法：父母先在家里铺上拼图地垫，孩子根据父母的提示跳到相应的格子上，跳对了奖励积分，跳错了不得分、重新跳。跳格子游戏可以有效地提高孩子的视觉和听觉判断能力，也有利于孩子身体各部分肌肉的控制和协调。这款游戏能够潜移默化地给孩子灌输空间概念，看与听相结合可以提高孩子的视觉和听觉能力。由于这款游戏也需要孩子精力高度集中，所以也有助于孩子注意力的改善和提高。

（5）运输气球游戏。

在这个游戏中，父母可以引导孩子与其他小朋友将气球夹在两人身体的两旁，然后运送到指定的终点。在这个过程中，孩子之间要保持平衡和紧密的身体接触，才能够保证气球不脱落。运输气球游戏需要孩子与他人进行互动和身体的接触，有利于减轻孩子与他人接触时内心的恐惧感，因此能够有效缓解孩子触觉失调的问题，并通过小伙伴的互相配合培养孩子的团队精神。

（6）正话反说游戏。

正话反说游戏的玩法：父母先准备一些字条，字数可以是 3~5 个字。然后父母按照正常顺序念一遍，而孩子要做的是将字条中的词语或句子按照颠倒的顺序倒念出来。例如，父母说："真好看。"孩子就要反应回答道："看好真。"在这个游戏中，父母应尽可能寻找一些孩子感兴趣的词条，激发孩子兴趣，提高孩子参与度。正话反说游戏能够有效提高孩子的听觉能力、注意力和专注力，刺激孩子大脑的运转，提高孩子的反应能力，从而解决孩子听觉能力失调的问题。

当然，能够帮助孩子进行感统训练的有趣方法还有很多，如跳圈圈、找声音、系扣子等。对于在家庭中开展感统训练，笔者认为无论是健康儿童还是感统失调儿童都是有必要的。健康儿童可以将感统训练当作一种健身训练的方式。而对于感统失调儿童，这些训练可以让他们身心得到锻炼，有效融入集体大环境，保持自信和乐观。多年实践证明，感统训练不仅可以让孩子增强体质，还可以培养强大的耐力和心理承受能力，帮助孩子健康成长。

四 关键期的用心陪伴

什么叫陪伴？什么叫用心陪伴？这里的用心陪伴指的是高质量的陪伴，它不是时间上的堆砌，那是"陪着"，真正的陪伴是放下手机，放下手上的各项事务，丢掉单向语言和情感输出模式，放下所有的要求、控制和评价，只是单纯看着孩子当下的样子、注重当下的感受，并愿意和这个真实的人在一起，分享时光（潘秀丽，2020）。

（一）帮助孩子度过三个逆反期

其实孩子在成长过程中要经历三个逆反期，每一个逆反期都是孩子蝶变成长的关键期，当父母因人而异，找到教育逆反期孩子的适当教育方法时，就会发现教育是一件如沐春风、效果显著而趣味横生的事。

第一个逆反期是2~3岁，这个阶段的孩子正处于牙牙学语、蹒跚学步阶段，自我意识空前强大，最喜欢说的话是"我不去、我不吃、我不想"，情绪化严重，对自己不喜欢的东西极其抗拒和抵触。由于年龄小，不懂道理，他们经常为了反抗而反抗，不能理解和接受失去和永恒的关系、物体视觉大小与距离远近的关系以及破坏与复原的关系。例如，笔者侄女2岁时有次躺在沙发上喝牛奶，她母亲拿了一根香蕉给她吃，她说香蕉上有黑点点不能吃，她母亲听闻后迅速将香蕉上的黑点点部分用小刀切除，然后再把剩余部分拿给她吃，她仍然不吃，理由是这个香蕉不完整了，要她妈妈恢复完整才吃。她妈妈说这根香蕉恢复不了，换一根完整的新香蕉给她吃时，她仍然哭闹不止，非要吃原来那根香蕉。原来那根香蕉拿给她又非得要复原成完整的样子，眼看她妈妈怒火上升准备动手，笔者连忙阻止了这种非理性行为。其实2岁的孩子还没有建立长度守恒、物体修改后无法复原等数学和物理概念，但又极其坚持自我，所以对这个时期的儿童讲道理基本没有用，因为其大脑神经系统还没有发育完善，许多复杂的思维能力和理解能力还不具备，所以最好是用转移注意力、玩游戏、吃美食的办法解除这种尴尬。

第二个逆反期是6~8岁，这个阶段孩子面临的主要任务是幼小衔接的问题。对于孩子来说，这是一次翻天覆地的变化，每天除了上学和新同学、新老师、新知识带来的兴奋感，还会逐渐感受到学习和严格的组织纪律带来的压力，生活变得更加紧张。如果你去问这个阶段的孩子上学后最大的感受，大部分孩子都会告诉你"累"。对那种没有做好学前教育的孩子来说，这种压力使他们很难一下子爱上校园生活，他们释放压力的方式可能是"逃学"。具体表现方式有两种：一是上学前哭闹，不愿意离开父母；二是开学前突然"生病"，很多家长以为孩子是装病，但是除了极个别孩子是真的装病，大部分孩子确实是因为上学压力大而产生躯体上的不适感，用心理学术语来说，就是由心理问题带来的躯体不适和功能性障碍。所以当家长发现孩子一到假期生龙活虎，一到开学或临近开学就变得体弱多病和情绪低落时，就要和孩子及时沟通，引导孩子谈论学校中发生的人和事，把真实的想法说出来，对症下药，不要轻易给孩子贴上"逃学""坏孩子"的标签，同时还要引导孩子多关注学校生活的积极面，如和蔼可亲的老师、活泼可爱有趣的同学、丰富多彩的文体活动、学校食堂的美味佳肴以及优美的校园环境等，见招拆招，让孩子全面理性地认识校园生活，尽快适应校园生活，完成幼小衔接。

　　第三个逆反期是 12 岁，这个年龄段的孩子面临着青春期带来的身心巨大变化，同时还必须面对人生的第一次重要学业考试——"小升初"考试。这个时期的孩子生理进一步发育成熟，身体长高长壮、第二性征出现，行动能力增强、活动空间增大，在生活上对大人的依赖度下降，追求独立；从这个时期孩子的心理发育程度看，神经系统进一步发育，思维活跃，情感丰富，但前额叶的发育还不够成熟（前额叶负责孩子思维的全面性、判断力、决策力和情绪的管控能力，对人的思维活动与行为表现有突出作用，是与智力密切相关的脑区，还有平衡激素水平的功能，人的前额叶直到 25 岁左右才完全发育成熟），所以导致这个阶段的孩子情感丰富、情感需求强烈，但情绪冲动、自控能力较差、容易激惹，具有明显的两极性、波动性、冲动性的特征。这个阶段的孩子追求独立（但精神上、物质上又不能做到真正独立，追求独立和不能真正独立的矛盾一直存在），遇事不爱和父母沟通，喜欢独自处理（但受限于自己的能力、见识和经验，又很难处理好所遭遇的事件）或隐藏。而对于大多数父母来说，孩子已经能够独自生活，对孩子的关心程度明显不如幼儿时期，两种原因叠加导致的结果就是亲子沟通不足、亲子关系紧张，互不理解。孩子鼓足勇气向家长求助，却被主观、武断的父母斥责为撒谎、偷懒、狡辩，于是孩子和父母之间的最后一道心门也被关闭，绝望的孩子就开始用牺牲自己成长甚至更决绝的方式来表达抗议和不满，如离家出走、沉迷网络、拒绝交流，这是一种强烈的求救信号。家长们一定要高度重视，寻找合适的机会和孩子交流，对症下药，及时发现问题并及时解决。很多家长会有一个误区，认为孩子有些问题现在不方便管，觉得等孩子长大懂事了自然会解决，以为时间是解决一切的良药。例如，一位单亲父亲在面对自己 12 岁的女儿如何处理异性亲密关系、如何正确对待异性追求等性教育问题时难以启齿，结果久拖未决、拖而不决，非但没有让大事化小、小事化了，反而将小问题变成大问题，孩子最后因为早恋而过早出现性行为，导致孩子身心、学业均受到不良影响。所以这个时期的孩子教育一定要秉承一个原则，多关注孩子的行为，尽早发现孩子的"求救信号"，及时沟通，尽早解决。当然，12 岁孩子最大的压力仍然是小升初的学业压力，引导孩子正确看待竞争、看待升学问题，委婉指出人生是一场马拉松，"小升初"只是人生第一次小考试，建立对孩子正确的评价标准。比如，笔者本人对孩子的要求一贯看重学习过程、看淡学习结果，只要孩子努力尽力就可以了，这样的评价标准基本起到了帮助孩子科学减压的作用，让孩子专注于学习行为本身，反而与好结果不期而遇。即使孩子努力不得法导致结果不理想时，也不批评、不抱怨，要不断鼓励孩子，帮助孩子查找问题、分析问题、解决问题。作为家长，我们也必须理性认识到，孩子就像花园里的花朵，各有各的美，不同孩子擅长的领域也各有不同，也许你的孩子在数理化方面确实不具备天赋，只要孩子努力了，便接受这种差距，不是每一个孩子都能成为社会精英，成功的模式不止一种，每个孩子花开的时期也不尽相同，所以请耐心等待孩子的不同花期，接受自己的孩子是素人，懂得欣赏孩子另类的特长（如擅长烹调、手工、懂穿搭、懂美妆甚至会整理），并积极提供展示平台，新兴自媒体已经给了这类孩子展示的平台和成功的契机。孩子成功的道路千万条，家长真的不必面对一个"小升初"就过度焦虑，路长且阻，放平心态慢慢来，一切都来得及，一切都刚刚好。有时候失之东隅，收之桑榆，塞翁失马焉知非福，不要太介意一时的得失。

（二）帮助孩子度过青春期

俄国著名作家高尔基曾说过，爱孩子这是母鸡也会做的事，但要善于教育他们，这就是国家的一件大事了，这需要才能和渊博的生活知识！青春期是孩子成长的一个特殊时期，也是孩子自我意识的第二个高涨期，年龄是在 11～18 岁。也有人将孩子的这个年龄段称为"疾风骤雨期"，一听这个名字大家都应该能感受到这个年龄段的孩子的内心冲突和矛盾有多严重。作为一名教育工作者、一名心理咨询师、一位母亲，笔者在教书育人过程中经历过无数青春期孩子和家长的泪眼婆娑，又直面过自己孩子青春期的迷茫和顶撞，所以梳理出了青春期孩子的常见问题和对策，以供参考。

（1）关于青春期的孩子爱顶嘴、不听话问题。

这是在咨询过程中遇到的家长反映孩子最多的问题，很多家长把孩子这一现象归结为叛逆，有些家长面对这一情况手足无措、找不到解决办法，听之任之，让孩子在亲子关系中居于支配地位；有些家长采取高压对策镇压，导致亲子关系紧张、割裂甚至反目，引发更严重的家庭冲突。那么我们应该怎样认识孩子的顶嘴现象并正确处理呢？

首先，我们应该明确孩子顶嘴实际上是孩子的独立思考能力和判断能力成长的结果，也就是说，孩子正在成长为具有独立思考能力和批判精神的人，这也是孩子独立人格形成和创新精神建立的必经之路，从本质上来说是一件好事，也是孩子成长的标志。否则家长云孩子亦云，这样培养出来的孩子长大后一定是妈宝女（男）或爸宝女（男），这是家长愿意看到的结局吗？

其次，既然孩子顶嘴从本质上说是一件好事，那么父母正确的做法是让孩子自由和充分地表达，倾听孩子的心声，尊重孩子的想法。即使孩子的观点与家长相左甚至与主流思想有差异，也要正确看待，至少这是孩子真实思想的流露。家长要鼓励孩子说出真实想法，然后时时关注，适当引导，即使发现孩子思想中有消极和错误之处，也不要着急驳斥，而是抓住生活和社会中的各种事件，以此作为教育契机，修正孩子的消极思想，寓教育于无形之中，让孩子心悦诚服。从本质上来说，顶嘴也是孩子与家长的一次平等交流，也是家长了解孩子真实心态的窗口，暴露问题总比不知道问题好。

以笔者孩子为例。2016年暑假是笔者孩子最后一次作为高中生而度过的暑期，前不久她在高考中正常发挥并拿到了心仪大学的录取通知书。作为对她的奖励，全家自驾到云南旅行，在旅行朝夕相处的过程中，孩子多次流露出高中学习压力大、生活很枯燥的想法，并表示进入大学要像某某学姐那样谈一场恋爱，还很羡慕地告诉笔者说这位学姐长得很漂亮，经常换男朋友，朋友圈经常晒自己的帅哥男友。作为母亲，笔者听了后隐隐担忧，只是提醒孩子大学谈朋友很正常，但是要想清楚了才去谈，不要因为空虚无聊为谈恋爱而谈恋爱，因知道自己孩子有点"外貌协会"，提醒孩子不要以貌取人，要重质不重量，多看男生的品行、责任感和奋斗精神，恋爱经历不是越多越好……可是笔者的观点马上遭到孩子反驳，最后母女不欢而散。这也是自从女儿读高中以来我们母女最严重的一次争论，以谁也没有说服谁而结束。转眼时间到了 2017 年 2 月，孩子放寒假，我们一家在大年初二自驾到湖北省宜昌市的三峡大坝去旅游。下午 6 点在湖北省恩施市吃完晚饭，就开车上高速公路继续去往宜昌市，在恩施市通往宜昌市的高速公路上，隧道多，山路多，细雨霏霏，道路湿滑，还不时飘来一团团雾气，能见度很低，车速不能太快。笔者的先生开车慢慢前行，突然，笔者在行进的高速公路右侧发现一名妇女带着一个不足 3 岁的女孩在前不着村后不着店的高速公路上逆向蹒跚而行，很为这对母女的命运担忧，脑海里顿时浮现出孩子父亲由于和孩子母亲发生口角而将母女俩扔在高速路上的画面（这种场景经常在春节假期的媒体报道中看到，但是由于行驶在高速公路上，在那样一种恶劣的天气情况下我们也无法停车为这对逆向而行的母女停车提供救助，至今仍然深感遗憾）。此情此景，笔者急忙提醒车中孩子观看，让她推测故事情节，分析母女俩被遗弃在高速公路上的真实原因，孩子陷入深深的思考，我想"男生的哪些品质对恋爱中的女生更重要"她应该已经有了答案。

（2）教育孩子中的"翻旧账""上纲上线"问题。

当许多青春期的孩子犯错误时，家长总喜欢把孩子过去犯过的类似错误、踩过的雷翻出来继续说，并联想到孩子的未来和前途，觉得孩子老是犯同类错误会影响高考和前途，希望孩子尽快改正，并把这种担忧告知孩子，看似在帮孩子总结过去、畅想未来，实则是家长在发泄焦虑情绪和否定孩子。没有人喜欢被翻旧账，孩子也如此。因为过去的错误，孩子已经受到惩罚，即使还没有完全改正，也已经为自己的错误买了单，所以家长不应过度纠结。青春期的孩子普遍自尊心很强，在意别人的评价和看法，同时又渴望理解和关怀。也许孩子一时半会儿还没有彻底改正坏习惯，但孩子一直在努力，家长表达对未来的担忧就是在否定孩子的努力，让情绪化的孩子难以接受，甚至让孩子彻底放弃改变，进而出现拒绝沟通、破罐子破摔、油盐不进等严重的行为问题。正确的做法：家长教育时要就事论事，不扩展、不翻旧账，只针对当下的行为进行奖惩。即使当前行为与以往错误有关联，也尽量在惩罚当前行为时不提，待事情平息、孩子情绪稳定后，找一个恰当时机与孩子谈心，在谈心中首先要肯定孩子的改变和成绩，给孩子未来以希望。在孩子犯错时，家长切忌一味地指责批评和情绪宣泄，即使对孩子未来有所担忧，也不应该在孩子面前过多表露，而是多给予具体的方法指导和监督执行，这样孩子才能真正进步和提高。

（3）家长带着消极情绪教育孩子。

家长也是人，在应对繁忙的工作琐事、繁重的生活压力和复杂的人际关系时，很多时候也非常疲惫并充满消极情绪。如果家长带着消极情绪回家教育孩子，很容易对孩子的一些常见问题"小题大做"过度反应，甚至面对孩子同一错误，在情绪好时和情绪恶劣时的处罚措施不一致，这样很难让孩子信服，容易引发孩子的抵触情绪，影响家长的权威和公信力，使得教育效果无法保障，伤害亲子关系。与此同时，当家长带着情绪教育孩子时，孩子首先感受到的是家长负能量满满的情绪，而不是"家长为我好"的客观事实，胆小的孩子会害怕、恐惧，不知所措，温和的孩子会软抵抗、自动过滤抱怨、斥责性语言，逆反的孩子会发生顶嘴、反抗等直接性对抗行为。鉴于此，正确做法是坚持人际沟通的基本原则：先处理情绪再处理事情。即使对孩子的事情再上头、再着急，我们也必须认识到孩子的问题形成冰冻三尺非一日之寒，要改变也不可能一蹴而就，要接受孩子的积极改变是一个前进中反复、在反复中前进的螺旋式上升轨迹的客观事实，有时候甚至有倒退和失败，不妨多点耐心，就事说事，不上纲上线，不添油加醋，以解决问题为目的，而不是以宣泄情感为目的。相信大多数孩子也会认识到自己的不足，积极寻求改变。作为教育工作者，笔者还是呼吁家长尽量不要带着负面情绪去教育孩子。回家前，要先把职场和社会上各种消极事件带来的负面情绪消化掉，如充分运用倾诉、冥想、腹式呼吸、运动等各种有效方式处理好自己的情绪，然后再回家面对孩子。相信这样你和孩子的互动、沟通会更良性，更有利于孩子的改变和提升。家长对孩子情绪的影响是深远的，只有情绪稳定的家长才能教育出乐观、活泼、开朗的孩子，为了孩子美好的明天，请家长以良好情绪来面对孩子。

（三）珍惜孩子的每一次成功

记得小时候，小学老师问我们："你们将来长大想做什么？"我们总是回答：科学家、解放军、老师等。几乎没有谁会回答：我长大了做理发师、炊事员、搬运工，甚至电影明星……当然，职业本身没有高低贵贱之分，但是在孩子心目中还是住着一个英雄梦，在孩子的认知世界中科学家、解放军、老师从事的工作更有创新性、挑战性，对这个世界和其他人提供的帮助更大、更深入，当然社会地位也更高。所以，抓住孩子的英雄梦，激励孩子努力向上、珍惜孩子的每一次成功，对孩子开展赏识教育显得尤为重要。

哈佛大学的心理学家曾经做过这样一个实验，有两组男孩，先让他们一起长跑消耗体能，然后对第一组男孩给予严厉的批评，对第二组男孩给予热烈的称赞。接下来，研究人员对这两组男孩进行体能检测，结果发现被批评的那组男孩无精打采，体能处于崩溃状态；而被表扬的那组男孩精力十分旺盛，体能恢复得十分迅速，而且充满自信。

根据这一实验，心理学家得出结论：教育孩子的时候多给予赏识和赞美，让孩子感受到来自父母的关注和认可，能帮助孩子迅速抚平创伤，还有助于孩子身心健康发展。著名教育学家陶行知也曾经说过，教育孩子的全部秘密就在于相信孩子和解放孩子。要做到这一点，首先就要赏识孩子，没有赏识就没有教育。伟大的教育家夸美纽斯也曾经说过，应当像尊敬上帝一样地尊敬孩子。这句话告诉我们，每一个人都渴望得到别人的尊敬和赏识，即使是孩子。所以作为父母，不要轻易对孩子说出打击、泄气的话，我们应该善于发现孩子的闪光点，明白花园里的每一朵花各有其美的道理，为他们助威加油。

著名人本主义心理学家阿德勒曾讲述过，他读小学的时候，数学成绩很差，经常不及格，他对数学毫无兴趣，认为自己缺乏数学才能。后来偶然发生的一件事，让他的数学潜能被完全开发出来。那一次他无意中解开了一道连老师也不会做的数学难题，获得了老师和家长的赞扬。这次成功改变了他对自己数学能力的认识，他觉得自己是数学天才。从此以后他脱胎换骨成为了数学尖子生。赏识教育激励阿德勒数学才能觉醒，让他发现了自己的数学潜能。想要孩子获得成功，妈妈就应该学会相信孩子，让孩子慢慢独自探索，即使孩子在学习新知识、新技能的过程中显得生疏、缓慢，甚至遭遇挫折失败，父母也要静心等待，不焦躁、不抱怨、不打击，在孩子需要的时候给予必要的指导和帮助，这样孩子也会用平稳的心态去接触、理解新事物，以坚定的意志去迎接困难和挑战，不知不觉之间，孩子就成长起来了。有人说，父母与子女，就是一场渐行渐远的修行。所以，聪明的父母就是要放手让孩子自己去做，如果做得好，及时给予赞美和鼓励；做得不理想，即使心里着急，也要静下心来等一等，孩子的人生毕竟是他自己的，孩子长大后终究要独立，所以早放手比晚放手好。

在孩子的教育中切忌简单说教和反复唠叨，尤其是关键期的孩子，容易抵触，这个年龄段的孩子非常容易接受暗示，父母可以对孩子进行暗示教育，寓教育于无形，效果较好。暗示有语言暗示、行为暗示、情景暗示。例如，针对偏食、不爱吃蔬菜的孩子，饭桌前的反复劝说会让孩子心生反感。而父母以身作则，吃蔬菜时吃得津津有味的画面会引导孩子，使他觉得这种蔬菜也很好吃，从而使偏食行为有所改变。最有效的是情景暗示，父母可以创设一些特殊场景，也可以利用一些意外的教育场景，抓住时机进行教育引导。例如，针对孩子自卑、觉得自己不聪明、学习成绩不理想的情况，有针对性地选择一些电影、电视剧和孩子一起观看，并边看边引导孩子参与讨论，让孩子直面自身弱点，在观看中受到启发，做出改变，经过一次两次不断推进，终获成功。在孩子每一次尝试获得些许进步时，我们都要及时给予肯定和激励。即使孩子受挫，我们也要帮助孩子一起找寻原因，及时改进，争取提高。当然，诚如花园里的花各有其美，每一个孩子擅长的领域和具有的天赋也各不相同。当你的孩子在学习领域竭尽全力也成绩普通时，我们必须接受自己的孩子是个普通人，是社会运转大机器中的一颗螺丝钉。但只要他善良、积极、努力，不依然值得你的肯定和喜爱吗？笔者做咨询时曾经遇到过一个孩子，父母都是高级知识分子，但孩子读书不行，喜欢烹饪，做得一手好菜，孝顺父母，把家里的家务安排得明明白白。他虽然没有像父母同事的孩子一样远赴海外读博工作，成为所谓的社会精英，但他的父母享受到了儿孙绕膝、母慈子孝的天伦之乐，这也未尝不是一种幸福。

（四）创造条件帮助孩子逐步独立

当今社会存在一个怪现象，一方面，父母抱怨孩子胆子小、不独立、依赖性强，担心自己孩子无法适应激烈竞争的现实社会；另一方面，父母在生活上又给予孩子无微不至的照顾，不给孩子独立锻炼的机会(除了学习)。问其原因，这些家长给出的答案往往不外乎三种：一是怕耽误孩子学习，所以不要求他做学习以外的任何事，孩子的任务就是学习；二是溺爱孩子，因为是独生子女，老觉得孩子还小，怕孩子吃苦；三是怕孩子做不好，耽误时间。任何人都不是神，都有从不会做、做不好，到会做、做得好的一个发展过程。剥夺孩子练习的机会，那孩子永远都做不好。这个方面我们要向欧美国家学习，在美国的教育理念中，孩子必须接受抗挫折能力的训练和独立性的塑造。即使是富裕人家的孩子，零花钱也必须由孩子自己通过劳动去赚取，例如，在著名的洛克菲勒家族的家庭教育中，孩子用家务劳动来换取零花钱。而我们是怎么做的呢？学校里充斥着为孙子孙女背书包的银发背包客，甚至出现为孙子孙女扫地做公区清洁的现象，说明我们对孩子的教育出了一些偏差。

我们必须承认孩子是一个独立的人，尤其是处于成长关键期的孩子，我们更应该按照孩子所处年龄要求孩子处理好自己的各项事务，中小学阶段的孩子应该逐渐学会扫地、拖地、洗餐具、整理床铺、处理个人卫生、烧水、煮饭等。当孩子做得不好的时候，父母千万不能放弃，不能图省事、节约时间，就放松对孩子的要求，甚至包办代替，而是要耐心引导，鼓励孩子坚持下去。《卖油翁》的故事也告诉我们，任何人做任何事情都有一个从生疏到熟练的过程，谁也不是一蹴而就的，我们应该给孩子学习独立的机会，鼓励孩子及时抓住机会，尽力去做。

那我们应该怎么做才能培养出孩子的独立性呢？

1. 相信孩子、锻炼孩子

充分利用孩子的好奇心，让孩子参与到家务劳动中来，可以先让孩子从做好自己的事情开始，如清洗自己的碗碟，拖自己房间的地板、为自己洗衣服、收拾整理房间等，然后再逐步拓展到帮父母分担部分家务劳动，如做饭、大扫除、花园除草等。当然，刚开始做的时候，肯定会让父母头疼，衣服没有洗干净，洗过的碗碟还残存油脂、饭粒，拖过的地板沾满水渍……作为父母，千万不要因为孩子做得不好就不让孩子做，做得不好说明孩子锻炼太少，更要多做、多锻炼。

2. 少点指责，多点肯定

孩子干活，用大人的标准来检查和验收，当然是很少合格的，衣服洗完仍有污渍，洗碗时不小心把碗打碎，把筷子掉在地上，都属于孩子学习中的正常现象。谁也不是天才，一学就会，所以父母这个时候千万要冷静，正确对待。当笔者女儿第一次整理自己的玩具时，经常有一些玩具玩过后还放在其他房间没有收纳到玩具箱，笔者并没有着急批评，而是在孩子收拾完房间玩具后增加一个检查环节，与孩子一起挨个检查房间，看有没有遗漏的玩具。当孩子通过主动检查第一次没有遗漏玩具时，及时给予正向反馈，孩子参与家务劳动的积极性就更高了。

3. 耐心指导、适当帮助

任何孩子都不是家务劳动的天才，都是父母耐心教导的结果。例如，女儿小的时候笔者教她用电饭锅做饭，先把步骤告知孩子，然后让她现场观摩，最后再让她做，笔者在现场指导，帮助她解决操作中的困难，提醒孩子注意跳闸红灯变黄灯才意味着米饭煮熟。几次下来，孩子就学会了做饭。当然，在这个过程中，父母一定要及时给予关注和帮助，耐心地指导，鼓励孩子坚持下去，只有这样，孩子才会在成功的过程中继续前进。根据研究，培养一个好习惯需要 21 天，养成一个坏习惯只需要 1 天。这个数字当然只是一个平均值，习惯不同，认真和努力程度不同，需要的时间也不同。关键前 3 天，重在 1 个月。坚持才有习惯，习惯在于坚持。所有好的习惯都不是天生的，而是后天获得的。教育不能光说不练，要利用一切机会培养孩子勤劳、努力、上进、坚强的意志品质，父母应带头和孩子一起经历磨难，一起克服困难，一起健康成长，让孩子在实践中认识到一切都应该脚踏实地来做，一切收获、成功都要付出代价。"授人以鱼，不如授人以渔。"盖茨基金会是世界上最大的私人慈善组织之一，该基金会的主创人已经决定在他死后裸捐他的财产，而不是像大家以为的那样将大部分遗产留给子女，其用意非常明显，就是不让他的孩子成为"啃老族""月光族"，而是做自力更生的人。比尔·盖茨这么做，并不是不爱他的孩子，而是为了更好地爱他们，所谓"父母之爱子，则为之计深远"就是这个道理。天下父母，没有不爱自己孩子的，然而爱的正确打开方式究竟是什么，这是个值得我们深思的问题。惯子如杀子，在家庭教育中帮助孩子学会独立，创造条件让孩子独立才是父母与孩子最好的相处模式，这也是爱孩子的最佳方式。

第二章

行为
——用行为心理学培养孩子良好的行为习惯

兴起于 20 世纪二三十年代的行为主义心理学，以态度的形成、行为的学习、性别角色习得等为主要研究内容，由于该理论具有广泛实用性，所以一经产生就风行美国，成为美国现代心理学主要流派之一，对心理学的发展影响巨大，被称为心理学的第一势力。自诞生以来，行为主义因其实用性而在教育领域广泛应用，尤其是在儿童教育领域取得广泛成就，代表人物有华生、班杜拉、桑代克、斯金纳等。

行为主义心理学关于教育的主要观点有以下几点：

（1）强调环境和教育的作用。

行为主义的创始人华生曾经说过："给我一打健康的婴儿，在我自己所设定的特定环境中教养他们，那么我愿意担保，任意挑选其中一个婴儿，不论其才能、爱好、倾向、能力、天资或种族如何，我都可以将他培养成为我所选定的任一领域的专家——医生、律师、艺术家、商人，甚至是乞丐和小偷。"[1]这句话充分说明了行为主义的主要观点，即强调环境是影响人身心发展的决定因素，人的大部分行为是通过后天习得的，是个人经验的产物。孩子的行为和发展具有可塑性和可控制性，可以通过外部环境和教育引导来塑造与修正。因此，在家庭教育中，家长要给孩子创设适宜孩子发展的良好环境，

---

① 资料来源：约翰·B. 华生. 行为主义[M]. 北京：商务印书馆，2019.

避免来自外界环境的消极影响，以培养身心健康的孩子。

（2）以表扬和惩罚作为主要的评价手段。

行为主义学习理论告诉我们：积极的结果加强行为，消极的结果减弱行为。换言之，积极的结果提高了个体做出某种行为的频率，消极的结果降低了该行为出现的频率。

（3）行为主义理论认为强化可以分为两种：正强化和负强化。

正强化主要是呈现奖励和消除惩罚，而负强化则是消除奖励和呈现惩罚。行为主义者认为强化是导致人学习行为产生的一个主要原因，认为奖励和惩罚等外部刺激能给孩子带来学习的动力。因此，行为主义者特别强调在家庭教育和学校教育中运用奖励和惩罚的评价手段。在笔者对孩子的家庭教育中，尤其是孩子小时候，强化评价方法运用得比较充分。例如，为鼓励孩子学英语、记单词，笔者会给孩子买她最爱吃的五香味牛肉干，根据孩子单词听写正确率进行奖励，正确率越高，能吃到的牛肉干越多，还会每周和孩子一起进行小点评，将孩子每周表现情况量化为分数，根据分数进行零花钱奖励。总的原则就是以奖励为主，做得不好就不奖励或者少奖励，做得好就多奖励，当然任何奖励都要及时进行。从实施的整体情况来看，效果良好，孩子自己也发出奖品最好吃的感叹，在一项项强化实践中，孩子也学会了延迟满足。当然最好的强化方式是物质奖励和精神奖励并重而行，从实践效果来看，对低年龄段孩子，用物质奖励激励效果更好，对高年龄段孩子，则采用精神奖励效果更好。在对孩子进行激励强化的时候，要引导孩子从看重物质奖励逐步向看重精神奖励转变，最后激发出孩子自主学习的内驱力，这才是孩子终身受益的法宝。

（4）强调观察、模仿和榜样示范在学习中的重要作用。

这方面的代表人物是心理学家班杜拉，新行为主义心理学家。20 世纪 70 年代，班杜拉在大量实验研究的基础上建立了现代社会学习理论，对人的观察行为作出了比较全面和客观的解释。班杜拉认为，人的学习活动主要是通过观察他人在特定情境中的行为、审视他人所接受的强化，以他人的示范作为媒介的模仿活动，这项理论对教育行为的影响是深远的。

孩子的关键期是孩子行为（生活行为、学习行为）养成的最佳时期，用科学的心理学理论指导科学的养育行为就显得尤为重要，孩子的任何行为问题其实都是孩子的心理问题，尤其是低幼孩子，语言表达能力有限，很多情绪问题、行为问题都潜伏着各种未满足的心理需求和心理危机。下面让我们一起来揭开孩子行为问题背后的心理真相，正视并及时解决问题。

一　孩子的攻击行为

近年来，校园暴力事件时有发生，引起社会各界广泛关注。2018 年最高人民法院发布的官方报告显示：2015～2017 年，全国各级法院一审审结的校园暴力案件近 2700 件，年均 900 件，其中受害人死亡的案件占比为 11.59%，重伤占比为 31.87%（张毅蓉，2019）。当然，这里统计的仅仅是已经上升到刑事案件的严重校园暴力行为，还有一些不构成刑事犯罪的轻微暴力行为不在此次统计范畴之内。

很多校园暴力案件情节严重、手段恶劣，让人痛心，发人深省，社会学家、教育学家、心理学家、法制专家都在深挖其因，寻找良方和对策。

（一）什么是孩子的攻击行为

攻击是一个人对另外一个人有目的的侮辱或伤害。婴儿不会出现攻击行为，即使他们表现出了攻击行为，也是无意识行为。真正的攻击行为最早出现在学前期（2～6 岁），那是真正意义上的攻击而且相当普遍，表现形式多样，如潜在的言语攻击（辱骂、呵斥、挖苦等）、推搡、拳打脚踢等。随着年龄的增长，孩子逐渐懂事成熟，大多数孩子的攻击行为会呈现普遍下降的趋势。但总体来说，攻击性是一种相对稳定的特质，攻击性最强的学前期儿童到了学龄期还是攻击性最强的儿童，攻击性最弱的学前期儿童到了学龄期还是攻击性最弱的儿童，男孩总体比女孩攻击性强，且攻击方式各异。男孩以身体攻击和工具性攻击为主，女孩更多以伤害心理感受的关系攻击为主，这种攻击的表现方式多是称呼改变、朋友断交、刻薄的语言等。

大量研究发现，孩子早期出现的攻击行为或者反社会行为如果没有得到很好的处理和应对，就会在青春期、成年期以一种更为激烈、暴力的方式实施，也会给他人和社会造成更加严重的危害后果。那么，儿童攻击行为产生的原因究竟是什么呢？

关于儿童攻击行为出现的原因理论有很多，其中，最有影响力的就是新行为主义学家、社会学习理论的奠基人班杜拉的学习模仿理论。该理论认为攻击行为在很大程度上是习得行为，攻击基于观察和先前的学习。观察学习是班杜拉社会学习的一个基本概念。所谓观察学习，实际上就是通过观察他人（榜样）所表现的行为及其结果而进行的学习。观察学习的学习者可以不必直接地做出反应，也不需亲自体验强化，而只是通过观察他人在一定环境中的行为，并观察他人接受一定的强化就能完成学习。最经典的就是他所做的儿童攻击性暴力行为实验——波波玩偶实验。他认为学习是在观察和与其他人交往中形成的。在波波玩偶实验中，自愿参与实验的有 36 个男孩和 36 个女孩，他们都来自斯坦福大学幼儿园，年龄为 3～6 岁，平均年龄是 4 岁零 4 个月。这些孩子被分为 3 个实验组。在这些参与实验的孩子中，24 个儿童被安排在实验对照组，其他的儿童被分为两组，每组 24 人。其中一组观察具有攻击性行为的成人模特，另外 24 个儿童观察非攻击性的成人模特。最后这些孩子又被分为男孩和女孩两组，在每一组中有一半是观察过同性成人模特的，另一半是观察过异性成人模特的。在试验之前对孩子们的攻击性做了评估，每组参与实验孩子的平均攻击性是大体相等的，这样可以排除遗传生理因素对孩子攻击性的影响。实验的结果证实了特点行为（暴力行为）是如何通过观察和模仿而形成的。在 1965 年所做的另一个实验中，班杜拉发现，当成人模特对他们的行为表示赞赏时，儿童就更喜欢模仿攻击行为，而当他们看到成人模特因他们的疯狂行为受到惩罚或谴责时，儿童的模仿就会少一些，这显示了强化和结果对孩子行为的影响力。

　　另一项关于儿童攻击行为的研究来自社会心理学家所罗门·阿希（Asch）在 1951 年做的著名的从众心理实验，打破了我们对从众行为的固有认知：我们认为从众行为一般发生在信息不明确、规则不清楚的情况下，而阿希实验表明，即使在标准、规则很清楚的情况下，也会有3/4的人发生从众行为。

班杜拉的波波玩偶实验告诉我们，即使没有因为攻击性行为而受到奖励或惩罚，儿童仅仅通过观察和模仿就会表现出攻击性行为，所以电视、网络、游戏对儿童的暴力行为具有重大影响。在儿童生活中，电视、网络、游戏已经成为不可或缺的一部分，看电视、上网对儿童的价值判断和行为方式有着极强的影响力。不幸的是，现在的电视节目、电子游戏、网络环境存在大量对孩子们不太友好的暴力画面，受这些画面的刺激影响，儿童慢慢会降低对这些暴力场景的敏感度，逐渐接受"暴力是解决问题途径"的观念，并且认同暴力场景中的角色。有情绪、行为、学习或冲动控制问题的儿童，更容易受电视暴力的影响。有研究指出，观看暴力节目本身也会导致儿童更强的侵略性和攻击性，尤其是当暴力场面真实并反复出现而施暴者没有受到惩罚时，儿童模仿暴力的可能性更大。

（二）孩子攻击行为的处理办法

鉴于此，教育专家建议如下：①控制成长发育期孩子看电视、玩游戏、上网的时间；②留意孩子看电视、玩游戏、上网的内容，拒绝暴力内容并向孩子讲明原因；③对暴力内容负反馈，向孩子表达对暴力的批评和厌恶，并传达一种理念：暴力行为并不是解决问题的最好方法。

华东师范大学社会学系教授韩晓燕指出，青少年暴力现象背后凸显的是部分青少年缺乏处理冲突的合适方式。在他们与别人发生冲突时，想到的可能只有打架，而没有第二种方式来解决与他人发生的冲突。韩晓燕介绍，青少年在这个年龄阶段，解决问题方式大多学习家庭和朋辈中人采用的方式，如果身旁的人经常采用打架的形式，青少年就容易学会同样的处理方式。长期下去，就可能认为只有这一种方式，而不寻求或忽略其他适当方式。要减少、避免这种情况的发生，学校和家长首先应该多关注青少年的有形和无形需求，用适当、宽松的方式满足青少年的特定需求，引导他们学会正确地处理矛盾，同时关注青少年结交的朋友圈子，营造积极的文化环境。

二　孩子的骂人行为

（一）正确认识孩子的骂人行为

骂人的孩子不一定都是坏孩子，针对孩子骂人行为一定要具体问题具体分析，看动机、看原因、看后果、看年龄。许多研究表明，孩子学习语言主要依靠环境刺激，学习的方式主要是模仿和强化，当然这种模仿和强化是一种带有创新和理解加工的模仿。一般来说，9个月的孩子语言学习以听和听懂理解为主，1岁左右的孩子开始开口说话，只是这时候的语言以单词、电报句为主，2~4岁是孩子学习语言的关键期，大多数3岁的孩子能掌握几千个单词，而到了4

岁，所有正常孩子都能正常掌握口语。当然，孩子骂人、说脏话的行为也主要是通过观察、模仿、强化而习得。一般来说，稍微有点教养的家长都很少和孩子说脏话，孩子说脏话在某种程度上意味着孩子社交面的扩大。

（二）孩子说脏话的解决办法

当孩子处于 2~6 岁的时候，其实家长不必为孩子说脏话而太担心，也不必像对待成年人一样把说脏话上升到道德、品行层面而严加惩罚。这个年龄段的孩子说脏话大多是出于好奇、游戏动机，其实就是想通过这种方式引起家长的关注和过度反应，如生气、呵斥、强行制止等，孩子可以从中感受到语言的威力，尤其是脏话的威力。2~3 岁是孩子第一个逆反期到来的时候，自我意识萌芽，这种游戏动机尤为突出，惹你生气了，孩子的目的就达到了。

针对孩子说脏话的问题，我们也不能听之任之，可以尝试用两种方法来解决。第一种方法是，当孩子带着探索、游戏口吻说脏话时，不直接对答，而是用好玩的亲子游戏、玩具、读书等方式转移孩子注意力和兴趣点，这个年龄段的孩子注意力保持时间有限，很容易被一些新奇好玩的东西吸引，只要运用得当，应该很有效。第二种方法是，当孩子说脏话时，所有在场人员约定好装作没有听见，自顾自地做自己的事情，孩子多说几次后发现没人搭理他，达不到预期的反馈，自然兴趣点就降低了，慢慢以后就不再说了。其实这种处理方法就是不给孩子说脏话以强化，久而久之，孩子说脏话会觉得很没劲，欲望自然降低。家长对孩子说脏话反应越激烈，孩子往往会越来劲，家长的反应就是对孩子说脏话行为的正强化，不搭理他们，自然兴奋点就降下来了。

当然，这两种方法并不是对所有说脏话行为都适用，随着孩子长大，说脏话的目的往往就不是游戏、好玩了，而是带有伤害性的目的。这个时候家长就不能置之不理，而是首先要了解原因，如果是受欺负、宣泄愤怒情绪而导致的说脏话，那就先帮助孩子宣泄、疏导情绪，再明确告知孩子这种行为的错误性和造成的伤害后果，一起商议找到今后再遇到此类事情正确的应对方式，并告知今后再犯的处理规则，促使孩子承诺今后不会再犯，讲清道理后一旦再犯一定及时按约定规则进行非体罚的惩戒（如减少看电视的时间或者做游戏的时间等），用情感疏导、讲道理和惩戒（非体罚）并行的方式将孩子说脏话这种习惯控制在萌芽状态直至消失。

（三）孩子说脏话的预防办法

从长远来看，杜绝孩子说脏话的最有效的方法是预防，消灭问题于无形。具体办法有三点：首先，父母自己不能说脏话，要给孩子树立一个好榜样。榜样的力量是无穷的，孩子学习语言最主要的方式就是模仿，父母带头说脏话，又不允许孩子说，这样的行为是没有说服力的。其次，当 6 岁以上的孩子说脏话时，一定要加以制止，但是不能体罚。最后，要注意孩子负面情绪的疏导，很多孩子说脏话是因为和同学吵架了，受到不公平对待了，被老师批评了，遇到这种情况首先要让孩子宣泄情绪，如创设发泄区和悄悄话角，让孩子学会在被允许的特定场所用语言（如大声喊叫）来发泄情绪，当然也可以用运动来发泄情绪，待孩子平静了再来就事论事解决问题。

三　孩子的任性行为

在生活中，我们经常会看到一些孩子任性的画面，孩子为达到目的而哭闹不止，把家长搞得狼狈不堪、精疲力尽。例如，军军刚买了架玩具飞机，看到邻居家飞飞的玩具飞机很漂亮，哭闹着要妈妈再买一架。2 岁的菲菲拖着小鸭子玩耍，不小心小鸭子的头被妈妈脚踩到，坏掉了，再也不能拖着玩了，菲菲就哇哇大哭，妈妈承诺赔她一个小鸭子也哄不好。究竟什么原因让这些孩子哭闹任性？很多教育工作者将其归之为家长的娇惯，其实失之偏颇。

（一）什么是孩子的任性行为

要正确对待任性，家长必须对任性的含义和界定有一个正确的认识，以免造成误伤。所谓任性，是指一个人不顾客观环境和条件如何，自己想说什么就说什么，想做什么就做什么，任何人的劝告和阻碍都毫无作用。任性的核心就在"任"字上。

（二）假任性与真任性的区别

美国儿童心理学家威廉·科克的研究表明，孩子任性是一种心理需求的表现，与父母娇惯没有必然联系。他指出，孩子随生理、心理发育开始逐渐接触更多的事物，但对这些事物是否对他适宜、有利、正确，孩子不能像成人一样做出正确判断，仅凭自己的情绪与兴趣来参与。家长则多以成人的思维去考虑他参与的结果，完全忽略了孩子参与的情绪和兴趣。实际上，这种情绪和兴趣，就是孩子想接触更多新事物的心理需求。所以我们要把孩子的假任性和真任性区分开来。

以下几种情况，我们认为是假任性，其实质是孩子探索世界、认识世界的求知活动，要区别对待，切记简单粗暴。

1. 不要将孩子的探索行为看成任性

有些孩子会不顾大人的禁止和警告（大人往往从人身和财物安全角度考虑），着迷于他们感兴趣的事物，如反复摆弄、拆卸玩具或电器，随意开关水、电，玩首饰等。对于这种情况，家长不能简单责备禁止。正确的做法是因势利导，照顾孩子旺盛的好奇心和求知欲，做足功课，耐心讲解相关知识，将孩子的求知欲和探索心引导到正确的轨道上来。即使孩子在探索中将贵重物品弄坏了，家长也不要随意惩罚孩子，可以教育孩子在探究贵重物品的时候应该请家长在旁边做指导，同时调整心态，把物品损失看作教育投资或智力投资，爱护好孩子珍贵的好奇心和探索精神，这才是孩子最可贵的财富。

2. 不要将孩子的维权行为当成任性

在日常生活中，孩子经常为自己的玩具或其他东西被人侵占和损害而愤怒、着急、抗争。有时候赔他一件新物件，他也会觉得新的不如旧的而执意不同意，家长就会认为孩子任性、不听话。其实，当孩子权益受损时表达抗争和不满是正常的，家长不能简单压制，而是要教育孩子懂得忍让，教会他正确的维权方式。

3. 不要把孩子在要求独立自主的愿望驱使下出现的"不听话"行为视作任性

2~3岁是孩子的第一个逆反期，这个年龄段的孩子自我意识萌发、自主意识强烈，常常为了显示自己已经长大而自作主张，但由于受知识、经验局限，难免会存在希望独立自主与现实中独立自主能力低下的矛盾，导致常常犯错误。家长在充分理解、尊重孩子的基础上，还要耐心教育孩子，让他们看到自己的不足，愿意虚心接受大人的指导和帮助，从而少走弯路。这样既很好地促进了孩子的独立性和自主性的发展，保护了孩子独立自主的精神，避免把孩子培养成唯唯诺诺的"小绵羊"，又最大限度地防止了孩子受到不必要的伤害。

4. 不要将孩子的活泼好动视为任性

由于生理和心理发展的原因，活泼好动可以说是孩子的天性，尤其是男孩，给很多家长感觉更是难以停下来，休息时间追逐打闹是孩子的常态，常常让家长觉得孩子精力旺盛，难以应对。一般来说，对于孩子们正常的玩闹追逐，只要没有安全隐患，家长大可不必干涉，更不要轻易贴上"多动症"的标签，一般用转移法就可以让孩子安静下来。如果孩子确实有经常性的行为失控，并且已经影响了正常的生活和学习，家长可以把孩子带到专业医院请心理医生治疗，但切忌当着孩子的面说他有多动症。

上述这四种情况，从本质上来说都属于假任性。

（三）孩子真任性的解决办法

"真任性"是指孩子在性格上确实存在严重的以"自我"为中心的角色心理。对于孩子的真任性该怎么应对？由于孩子的任性表现千差万别，解决孩子任性问题的方法也多种多样，正确的方法是针对具体情况进行教育和引导，具体解决办法归纳总结如下：

1. 以冷对热法

当孩子的任性表现为大喊大叫、大哭大闹、撒泼打滚等狂"热"状态时，家长决不能跟着"热"，而应该以"冷"制"热"，即以和风细雨的语言和态度来提醒、感染和制止孩子的"热"。必要的时候，尤其是当孩子不听招呼、蛮不讲理，用语言制止不了孩子的时候，家长甚至可以对孩子不理不睬，或者径自走开。如果面对孩子的"热"，家长不能保持冷静，而是企图用以"热"制"热"甚至比孩子更"热"的办法，如用比孩子更大的声音和责骂来制止孩子的任性，那么常常事与愿违，即使暂时把孩子唬住了，但从长远来看，也不利于孩子良好性格的培养，而只会助长孩子养成狂躁的脾气。

2. 激励法

孩子的任性有时候外部表现为懒惰，如不管家长怎么催，他都不去做他该做的事。面对这种情况，家长最好用激励、表扬的办法促使孩子做出改变，如说"我的孩子是个勤快的孩子，总能按时完成作业""孩子最听妈妈的话""孩子最心疼爸爸，知道自己去完成，不会让爸爸操心的"等。俗话说，请将不如激将。对一些自觉性不高的孩子，激励表扬的软性引导方法常常比批评指责和打骂等硬性管理的方法更能让孩子趋同、服从。

3. 以韧克磨法

孩子任性时，还常常用死缠烂打、软磨硬泡等"磨"的方式以求达到自己的目的。面对这样的孩子，家长要有韧性，针对原则性问题等不该答应孩子的问题，无论他怎么骗、怎么赖、怎么哭、怎么磨，都要态度坚决，决不迁就，多处理几次，孩子就知道无理的要求无论用什么手段都不能达到目的，慢慢就学会不提无理要求，即使有诉求的时候也会用合理方式表达，得不到满足也不会有过激反应。

4. 预防法

孩子的任性表现，一般都有规律可循。家长可以留心注意观察孩子在什么情况下容易表现出任性行为。家长掌握规律后，当可能诱发孩子任性行为的那种特定情境临近时，家长就可以事先跟孩子"约法三章"，把规矩说到前面，这样就避免了孩子的任性哭闹。这一招对 3 岁后已经上幼儿园的孩子效果较好，因为这个时期的孩子已经接受幼儿园的一定规则教育，养成了一定的规则意识。例如，文文特别爱吃甜食，经常一到商场就要闹着买冰淇淋，最近刚因为龋齿拔了牙，医生嘱咐近期不能吃冷饮和甜食。妈妈周末去超市采购，文文闹着也要去，妈妈怕她又控制不住要买冰淇淋，就事先说好不能买甜食和冷饮，答应了才带文文去超市，否则留在家里。这样就有效避免了孩子到超市以后为买甜食、冷饮而撒泼哭闹、任性而为。

5. 后果惩罚法

在不损害孩子身心健康的条件下，家长可以让孩子的任性行为发展下去，让孩子承担任性行为所造成的后果，从而通过自己的切身体验认识到这类行为是不可取的。例如，小明经常早上赖床不起，妈妈多次催促、说服教育的效果都不理想。有一次妈妈不催促小明起床，任由迟到发生，小明到学校后受到老师批评，从此赖床不起的情况得到了彻底纠正。

6. 转移法

当孩子出现任性行为时，利用当时的情境特点，设法把孩子的注意力转移到一些能吸引孩子兴趣的新颖事物或游戏中去，这种方法对低幼孩子效果尤其好。

上面介绍的这六种应对孩子任性的方法，归根结底就是面对孩子的任性，家长一定要做到以理智对待孩子的任性，即在孩子蛮横不讲理的时候，家长对孩子一定要坚持讲道理，在孩子不讲礼貌的时候，家长一定要对孩子有礼貌。家长决不能以暴制暴，以不讲道理来对待孩子的不讲道理，用没有礼貌对待孩子的不讲礼貌。如果说孩子的任性还情有可原的话，那么，家长如果在教育和制止孩子的任性时失去理智，做出不讲道理、没有礼貌的事情，就是更大的任性，就是以错误对待错误，是不能原谅的。

四 孩子的说谎行为

大量研究表明，说谎其实是儿童和青少年的一种普遍行为，加拿大多伦多大学儿童研究所曾经对 1200 名 2～16 岁儿童和青少年说谎情况进行了测试。年龄偏小的儿童是通过检测其是否会偷看身后的毛绒玩具方法进行测试，年龄稍大的儿童则是通过检测其是否偷看背面印有答案的试卷进行测试。结果表明，2 岁时有 20% 的儿童说谎，3 岁时说谎人数可达 50%，4 岁时则接近 90%，到 12 岁时，这一曲线达到顶峰，几乎每个儿童都说谎。而到 16 岁时，说谎的人数则可回落到 70%。

（一）孩子说谎的定义

关于说谎的定义，一直争论很大，从字面上来理解，谎言就是假话、骗人的话，说谎就是说假话骗人的行为。《现代汉语词典》关于说谎的解释是：有意说不真实的话，即把谎言有意无意地以言语的形式表现出来，使之成为一种外显的行为。1900 年，皮亚杰第一次明确界定了说谎的概念，他将说谎定义为两个阶段，10 岁及 10 岁以下根据行为本身来界定说谎，而 10 岁以上的儿童会更多地关注行为背后的意图。而发展心理学家认为，说谎的概念必须具备三个要素：第一，它确实是假话；第二，说的人明确知道它不是真实的；

第三，说的人希望听的人能够认为它是真的。只有在这三个要素都成立的情况下，我们才能认为某人已说谎。说谎的表现方式可以是言语，也可以是非言语，无论说谎目的达成与否都不影响说谎的本质。说谎的过程我们可以概括为，说谎者为了确保说谎成功，首先必须对自己和接收者的状态做出相应评估，其次编造与真实信息不一致的错误信息，在不引起接收者怀疑的前提下，谨慎表达出来。

（二）正确对待孩子的说谎

儿童一般在2～3岁开始学会说谎（吴美琴等，2022），且说谎能力会随着他们身心的发展而变得逐步完善，说谎的掩饰性、目的性会增强。在传统观念上，大家会认为儿童爱说谎是品质不好的表现，很多家长为此忧心忡忡，但在心理学家看来儿童说谎象征了其心理能力的发展，被视为获得社会化能力的一个重要指标，正确的说谎其实是儿童社会性进步的重要标志之一。德国教育学家施鲁克教授说，幼儿第一次有意义的说谎是他成长过程的一个重大进步，幼儿说谎标志着他有了想象力，在用开创性的行为与周围环境打交道。所以，成人无须过分担心儿童说谎，但要根据谎言的性质、说谎的动机是利他性说谎（白谎）还是利己性说谎（黑谎）、有意说谎还是无意说谎来进行教育引导。当然，儿童说谎行为也呈现不同的年龄特征。家长、教师应该了解不同年龄段儿童说谎行为的心理特点，从而有针对性地对儿童进行教育和指导。

（三）孩子说谎的分类

心理学界按照不同标准对孩子说谎的类型有不同划分，其中影响力最大的说谎的分类就是"白谎"和"黑谎"之分。心理学家认为，按照孩子说谎的主观动机和性质可以将孩子形形色色的谎言分为白谎和黑谎。白谎是为避免伤害他人或取悦他人而说的假话，属于利他性谎言。黑谎是为隐瞒错误或避免自身的过失受到惩罚而说的假话，属于利己性谎言。

（四）孩子说"白谎"和"黑谎"的正确引导方法

在中国传统文化背景下，人们对出于利他性动机而说谎与利己性动机而说谎的理解与评价截然不同，前者比如"6岁玲玲在生日这天收到了小伙伴君君送给她的生日礼物，可是她打开礼物发现这个礼物是她最不喜欢的洋娃娃，君君问玲玲：'你喜欢我送你的这件礼物吗？'玲玲想了想点点头说：'我喜欢你送的洋娃娃'"。这种怕伤害君君好意而说出的善意谎言就是利他动机的白谎。白谎是为考虑他人情感、照顾他人脸面、维护他人利益而说的谎话，在人际关系中具有积极的意义，应该得到支持和肯定。后者比如"小明和小伙伴小华在家里追逐打闹做游戏时不小心把家中博古架上收藏的古董花瓶摔坏，怕受到家长责罚，小明撒谎假称是小华打坏的"。小明此时的说谎动机就是保护自己、避免责罚的利己动机，这种为避免自身错误受惩罚而说的谎话就是黑谎，应该给予否定。在中国传统教育中，成人经常教育孩子诚实不要说谎，只要孩子说谎就是严重行为问题，就应该进行责备和惩罚，其实这是一种教育的误区，因为并不是所有谎言都要对其进行否定，而应该根据是白谎还是黑谎来区别对待，进行针对性的教育。若儿童说了黑谎则应该否定并纠正，如果孩子从小养成说黑谎的毛病，最终发展成习惯性说谎，就难以纠正，长此以往，甚至会造成人格偏差。而对于儿童说白谎则应给予肯定并促进。因为白谎是出于礼貌动机为照顾他人颜面、感受而说的谎话，出发点是善意的。虽然究其本质白谎也是一种谎言，但却是一种特殊的谎言，它对人际关系的建立、维护、修护和促进具有积极作用，且儿童说白谎能力的发展对儿童社会化、自我调节、社会环境的适应均有促进作用。所以，成人要打破对儿童说谎行为不分性质、不看动机、不分环境而全盘否定的老观念，而要具体问题具体分析，否定纠正黑谎，肯定促进白谎，使儿童从小就养成换位思考、替他人着想的处事方式，促进儿童出现更多的亲社会行为。

对孩子倡导白谎、拒绝黑谎的具体方法如下：

1. 榜样示范法

班杜拉的社会学习理论告诉我们观察和模仿是孩子学习的主要方式，所以家长以身作则，为孩子树立拒绝黑谎、多说白谎的榜样模范就显得尤为重要。同时，家长还要充分运用行为主义心理学中的强化理论对孩子说黑谎的错误行为给予负面反馈（如批评、责罚等），而对于孩子说白谎的积极行为一定要及时给予正面反馈（如表扬、奖励等），从而帮助孩子建构起礼貌、善意地说白谎的行为习惯，杜绝和抵制自私、冷漠、利己的黑谎言行。例如：丽丽小姨从国外给丽丽妈妈买了一条花裙子，虽然裙子有点短，比较"少女风"，丽丽妈妈觉得不太适合她这个年龄的女性，但是当丽丽小姨问丽丽妈妈："喜欢这条裙子吗?"丽丽妈妈却回答："非常喜欢，它太漂亮了!"丽丽小姨听了非常开心。此情此景，丽丽妈妈觉得正是引导孩子培养高情商的最佳时机，于是耐心启发丽丽："你知道妈妈明明觉得这条裙子短了，不适合妈妈这个年龄的女性，为什么还要告诉小姨自己喜欢这条裙子吗?""妈妈这样做虽然对小姨说了谎话，但妈妈说谎是为了让小姨高兴，如果小姨特意从国外给妈妈买的礼物，妈妈还说不喜欢，小姨心里一定很难受，对不对?"所以在礼貌情境下，为对方考虑而说一些善意的谎言是合理的，这对良好人际关系的促进有很大作用。而且实践中，当儿童在礼貌情境下说白谎后，成人一定不能置之不理，要及时给予肯定和奖励。因为一种行为的习得与巩固，与对行为结果的积极反馈密不可分。对于儿童说黑谎，家长仍然可以像引导说白谎一样，使用树立良好榜样的方式进行纠正。当然，一定要做到以下两点：第一，在任何情景下家长都不能对自己孩子说黑谎，而且也要避免在孩子面前对其他人说黑谎。第二，家长可以列举出自己拒绝说黑谎的实例与孩子分享，充分树立自己拒绝说黑谎的正面榜样。例如，"有次加班下雨，爸爸忘带雨伞，下班时顺便借用了同事放在办公室的雨伞，结果赶地铁的时候不小心忘记拿了，虽然这位同事并不知道雨伞是爸爸拿走的，但爸爸并没有因同事不知道而否认过错，而是主动向同事坦率承认雨伞是自己没有征得同意而借用且不小心遗失的，并道了歉，又主动买伞弥补，后来这位同事原谅了爸爸"。通过这个例子可以同孩子探讨爸爸主动认错并纠正这样做好不好? 好在哪里？如果爸爸不认错、不弥补的话对不对？会造成什么后果？通过与儿童探讨具体实例向儿童传达做了错事要坦白认错、勇于承担的人生理念。总的来说，按照行为主义心理学观点，家长以身示范要为孩子树立礼貌情境下善意说谎的榜样，同时也为孩子树立不逃避自身错误勇于担当的榜样，让儿童在潜移默化中学习为人处世是最有效的方法之一。

2. 角色扮演法

当儿童不会说白谎，在礼貌情境下直白地说出真相而让周围人难堪或受到伤害，并且认为自己是诚实的孩子说真话没错时，家长一定不要发火，更不要轻易惩罚孩子，而是采用角色扮演法，让儿童处于听话者的位置，亲自体验听到真话和白谎后的不同感受，以便其更好地理解听话者的处境和感受，从而促进其在礼貌情境下学会说白谎。

3. 情景讨论法

当孩子拒绝说白谎，并且坚持己见时，家长还可以使用情境讨论的方式，向自己孩子讲述礼貌情境下故事中小朋友说真话和说白谎的一些情境故事，与孩子讨论故事中的小朋友这样说对不对，好不好，听话者会有怎样的感受，以及故事中的小朋友会怎么做等问题。引导儿童思考礼貌情境下听到真话和白谎的不同感受，从而促使孩子更愿意在礼貌情境下说白谎。对于儿童说黑谎，同样可以使用情景讨论的方式让孩子换位思考或者站在旁观者的角度来感受或讨论说黑谎的弊端，从而纠正其说黑谎。对于部分低幼儿童可能存在的"为什么成人有些时候鼓励我说谎有时候又不允许我说谎"的疑问，成人将白谎与黑谎两种说谎情境相对比，一同与孩子分析探讨是很有必要的，让儿童深刻感受礼貌情境下说善意的谎言会被肯定，而避免自身错误受惩罚而说黑谎则会被否定的客观现实，从而受到教育和引导。

4. 权威型家庭教养方式

权威型父母尊重孩子的观点和意见，鼓励孩子表达自己的想法并参与讨论，他们讲规则，对孩子会有明确的要求，对于好的行为父母会给予支持和肯定，对于不好的行为父母会进行说服和教育，这种教养方式下成长起来的儿童，当其在礼貌情境下直白地说出真相时，父母会明确告诫其这样说话没有礼貌，并让他明白听话者的一些不良感受，也会让孩子换位思考体验听话者的感受，从而确保孩子再遇到类似的情境会做出调整而选择说白谎。当儿童在礼貌情境下说白谎时，权威型父母会给予正强化，得到肯定的儿童也会更愿意在礼貌情境下说白谎。同样，当权威型父母看到儿童为避免自身错误受惩罚而说黑谎后，也会明确告诫其这种做法错误并指明原因。当孩子由于自身过失做了错事而主动道歉认错时，权威型父母会原谅孩子的过错，并对孩子勇于认错的做法给予肯定与表扬，得到原谅的儿童也更愿意在自己做错事时承担责任，形成良性循环。由此可见，权威型教养方式有助于促进儿童在礼貌情境下说白谎，有助于儿童在做错事情后真诚面对不说黑谎，权威型教养方式养大的孩子更有利于亲社会行为的培养和发展。

五 孩子的自慰行为

（一）什么是孩子的自慰行为

幼儿自慰行为，是指幼儿用手或其他方式刺激自己生殖器的现象，如采取夹腿的姿势，骑坐在某些物品（娃娃、枕头或桌椅的棱角）上，通过触碰生殖器以达到快感。几乎所有儿童在生长发育过程中均会出现这种表现，不到 1 岁就可能发生，幼儿期和青春期比较明显。

（二）孩子自慰行为的心理动因

孩子自慰行为的心理动因是什么？按照精神动力学派创始人西格蒙德·弗洛伊德提出的人格发展的五阶段理论，我们似乎找到了答案。

第一阶段：口唇期（0~1 岁），也称口欲期、口腔期

特点：原始欲力（力比多，亦称性力）主要靠口腔部位的吸吮、咀嚼、吞咽等活动获得满足，并因此感到快乐。口欲需求未得到满足的孩子，成人阶段可能形成贪吃、酗酒、吸烟等消极行为表现，以及悲观、依赖、苛求等性格。

第二阶段：肛门期（1~3 岁），也称肛欲期

特点：原始欲力的满足，主要靠大小便排泄时所产生的刺激快感获得满足。此阶段是培养孩子排便控制力、养成良好卫生习惯的关键时刻。如果在这个阶段对孩子排便训练过于严格，儿童会形成过度控制的行为习惯，如洁癖、强迫症的人格特征，也有可能造成儿童的反抗，从而形成过度铺张浪费、越轨的人格特征；如果排便训练过于随便，儿童在成年后容易形成肮脏、浪费、凶暴和不守秩序等人格特征。

第三阶段：性器期(3~6岁)，也叫生殖器期、俄狄浦斯期

特点：原始欲力的需求，主要靠性器官的部位获得满足。这个阶段的孩子已经意识到两性之间生理结构的差异，性别意识觉醒，喜欢触摸自己的性器官，将异性父母作为自己"性爱"的对象，容易出现"恋父"或"恋母"情结，这一阶段也是性别认同的重要阶段。这个阶段如果养育不当，儿童就可能演变出现同性恋、异装癖和异性癖等性心理障碍。

弗洛伊德认为，人格的最初形成时间应是在5岁左右，前三个阶段是人格发展最重要的阶段，为成年后的人格模式奠定了基础。

第四阶段：潜伏期(6岁至青春期)

特点：随着儿童社会化的发展，公正感、荣誉感、羞耻感等道德情感逐步产生，儿童的兴趣也逐步拓展，儿童原始欲力开始停滞或退化，儿童对性缺乏兴趣，性的冲动转向自然、体育、歌舞、艺术等方面，男女儿童情感疏远。

第五阶段：生殖期(青春期至成年)，也叫两性期

特点：个体性器官发育成熟，两性差异开始显著。异性爱的倾向占优势。性的需求转向相似年龄的异性，开始有了两性生活的理想，有了婚姻家庭的意识，至此，性心理的发展达到成熟。

　　而孩子家庭教育的关键期刚好包括弗洛伊德划定的人格发展的第一阶段、第二阶段和第三阶段，尤其是当孩子处于 3~6 岁的第三阶段（性器期）时，由于力比多的驱使，这个阶段的孩子已经能意识到男女之间的生理差异，性别意识被唤醒，喜欢通过触摸自己的性器官获得快感。如果这一阶段孩子的情感世界缺少关爱，就会通过触摸自己的性器官而得到安慰，孩子也会通过玩弄性器官来消除自己情绪上的不安和焦虑。因此，父母的斥责、惩罚不仅不能达到消除这种不良习惯的目的，反而会使孩子更加紧张，增加自慰的频率。这个阶段孩子的自慰行为还有可能来自父母的过激反应。孩子本无意触碰性器官，而且在这之前孩子也触碰过身体其他部位，家长都反应平淡，但家长对孩子触碰性器官的过度反应会让孩子产生强烈的好奇心和兴趣，家长的敏感反应对孩子来说就是一次正强化，促使孩子玩心大起，在游戏或者恶作剧心理驱使下，孩子很有可能再次玩弄自己的性器官。

　　当然，生殖器局部的疾患也是幼儿自慰的主要原因，如幼儿生殖器官长湿疹、发炎，清洁不到位、内衣太紧等引起的瘙痒、疼痛、压迫等不适感觉，都可以引发幼儿经常触摸这些部位。这时抓痒的性质就如同抓面颊、耳朵或身体其他部位一样，都是正常的，但幼儿长期抓痒也会慢慢演变成玩弄性器官的习惯并转为自慰行为。这个时期的幼儿虽然通过自慰也能获得快感，但从本质上来讲，幼儿的自慰行为不同于青少年的手淫，不同于成人的性欲，更不是淫秽下流，而是幼儿求知欲、好奇心和生理需要的表现，幼儿可以接受外界的性信息、性刺激，但并不能理解这些信息和刺激的含义，他们并未意识到自己的行为具有性的意义，他们没有任何邪念，也不懂得自慰是不当、羞耻的行为，当然更没有羞耻、罪恶的感受。其实，孩子偶尔触摸、玩弄性器官是生长发育过程中的正常现象，甚至偶尔出现自慰也是正常的，只要频率不高没有养成习惯就问题不大，家长应该理性对待、冷静处理。很多家长担忧，孩子小时候的自慰行为长大后会发展成手淫，其实幼儿时期自慰行为发展为隐蔽的手淫行为的概率极低，一般到了上学年龄，随着孩子受教育程度增加、社会化程度提升，孩子会逐步意识到这种行为的道德意义，孩子会因为道德感而使这种自慰行为大幅度减少甚至消失。至于青春期孩子的手淫行为，研究表明其实与幼儿期的自慰行为没有必然关联，孩子青春期是否手淫，起决定作用的是其成长过程中的生理特征和成长环境。因此，家长面对孩子的自慰行为应该持有一个正确态度，既不必为孩子的自慰行为大张旗鼓、兴师动众地寻求治疗途径，也不要惊慌失措、不知如何处置，更不要打骂吓唬孩子，以免使孩子产生强烈的"性罪恶感"和"性恐惧感"，从而背上沉重的心理负担，影响正常的性心理发展。孩子的自慰行为一般不会使孩子出现心理问题，倒是家长的过度反应会给孩子带来沉重的心理负担，甚至导致孩子成年后的性心理障碍。

（三）孩子自慰行为的应对办法

1. 一旦发现孩子的自慰行为，父母必须用适当的方式及时制止

当家长发现孩子的自慰行为时，首先不要惊慌、不要焦虑，更不要过度反应，保持理性客观态度冷静处理，父母应平心静气地告诉孩子不要随便玩弄这些部位，既不好看，也不卫生，并用举例子、

看图片、看视频等生动方式帮助孩子了解自慰带来的生理伤害，切忌使用刺激性语言，以免挫伤孩子的自尊心并激起孩子的逆反心理。

2. 了解幼儿自慰的原因，并找到有针对性的解决方法

首先，检查孩子的裤子尤其内裤是否存在太紧、太脏的问题，导致孩子穿着不舒服而引起自慰；其次，检查孩子的阴部是否存在发炎、外伤等疾病、损伤。前两项都排除后，根据班杜拉的社会学习理论，孩子的行为主要来自观察和模仿，考虑孩子自慰行为是否与受到外部环境性信息的刺激有关，寻找刺激源，如影视片、网络信息或父母的亲密行为等，如有，尽量排除。

3. 用丰富多彩的户外活动和游戏来丰富幼儿的生活

根据观察发现，孩子自慰行为往往是在他们"手闲""无聊""没事干"的情况下发生的。国外也有研究表明，自慰行为一般容易发生在智力良好而运动量不足的孩子身上（黄建春，2004）。众所周知，处于关键期的孩子正是好奇、好动、好玩、精力旺盛、"猫嫌狗厌"的年龄阶段，尤其小男孩，用玩具、游戏、体育运动和户外活动来充实他们的童年生活，用亲子活动和与同伴玩乐的兴趣来转移他们的注意力，并尽量让这些活动多样化、趣味化，让幼儿把过剩的精力和激情都用在感兴趣的活动上，如画画、游戏、唱歌、表演、体育运动等，从而防止他们因空虚无聊而将注意力集中在对自己性器官的好奇和探索上。

4. 为孩子创设良好的生活环境、教育环境，与不良性信息进行人工隔离

按照班杜拉的社会学习理论，孩子学习的主要模式是观察和模

仿，采取必要措施将正处于性器期的孩子与不良性信息进行人工隔离显得尤为重要。社会、教育机构（如幼儿园、学校等）、家庭有责任和义务为孩子提供一个健康、安全的成长环境。具体而言，父母在孩子面前有必要回避过度亲热的行为，父母对孩子的亲热行为也要有所克制，与异性子女亲热时不能像婴幼儿时期那样搂抱不离身、亲吻不离嘴。当然，孩子与异性双亲的正常情感交流还是要保护，避免孩子产生逆反心理，强化恋父或恋母情结。此外，对辨识能力较低的孩子，加强对其观看的电视节目内容、上网内容、校园环境的监控管理也很有必要。例如，我国对青少年上网实施的实名制度、验证制度，电影、电视剧的内容审核制度就是国家为保护成长中的孩子而通过制度建立和信息技术手段实施的内容监管，从而让孩子避免受到色情内容、暴力内容、药物成瘾内容的伤害，养成成瘾行为。

5. 家长帮助孩子养成良好的卫生习惯、睡眠习惯

这样可以减少诱发自慰行为的刺激信息，避免自慰行为发生。父母要注意孩子生殖器官的卫生状况，保持干燥、清洁。让孩子穿着柔软、宽松、舒服的内衣裤。让孩子养成上床就睡，睡醒尽快起床、不赖床的睡眠习惯。注意睡眠姿态，入睡时不要把手夹在双腿间，不要俯卧、减少侧卧，多用仰卧睡姿。不要让孩子从事有可能刺激性器官的活动，如爬树、抱枕头睡觉等。

相信只要父母正确对待，耐心处理，孩子的自慰行为就不难解决。

第三章

交往
——用沟通心理学提升孩子的社会交往能力

社会交往能力，是作为一个个体的人的社会性中最重要的内容之一，它指的是个体在与别人进行交往时所表现出来的运用口头语言、身体语言、情绪和认识等的技能和能力。具体表现如下：个体参与社会活动遵守活动规则、记住别人名字、站在别人角度揣摩别人心理、与别人说话时控制音量大小、与别人交谈时控制与对方目光接触的时间、使用各种口头语言和肢体语言准确而流畅地表达自己的思想意图和愿望要求、礼貌而得体地在人际交往中对别人的不当行为或不良行为表示否定态度、礼貌地拒绝别人的无理要求、合理评价别人、在必要时善于容忍他人的缺点和不正当行为、对自己的过失行为表示歉意、善于忍受人际交往中的挫折等，这些皆是社会交往能力强的具体体现。

关于社会交往能力对孩子身心健康成长的重要性，苏联教育家苏霍姆林斯基曾说过，教育儿童通过相互交往发现周围世界的美，通过人际关系的美而看到精神的高尚、善良和诚实，并在此基础上在自己身上确立美的品质。因此，社会交往能力是孩子与其他人、特别是与同伴共同学习和生活的基础，是孩子能否与周围人建立和谐关系、成功进行交往的关键。现代心理学研究也表明：与同伴的交往(孩子社会交往的一种形式)是儿童身心发展和社会化赖以实现的基本要素。因此，在儿童的身心发展过程中，人际交往是促进其社会化进程的重要条件之一，因为这一时期是孩子成长的关键时期，孩子身心发展快，可塑性很大，接受能力强，而人际交往能否成功，往往会对孩子将来的个性及其认识能力的发展产生重要影响，尤其是小学一二年级的"关键期"，孩子亲子关系、师生关系、同学关系的紧张与疏离，都会给孩子的性格发展和品质形成带来严重的负面影响。在某种程度上我们甚至可以说，社会交往能力决定着人的社会关系好坏、事业的成功与否、对他人的吸引力和别人对他（她）的好感度。当然，大量心理学研究也表明：良好的社会交往能力所导致的良好同伴关系是儿童和青少年心理健康和取得学业成功的必要前提，那么在家庭教育中，怎样才能培养孩子良好的社会交往能力呢？

一 不与"别人家的孩子"做比较

中国社会科学院社会学研究所和社会科学文献出版社 2011 年发布的《社会心态蓝皮书：2011 年中国社会心态研究报告》（我国首部有关社会心态研究的年度报告）指出，当代中国人生活形态变化的背后有着强大的生活动力，并呈现一个相对稳定的多元化格局，其中主要的九个生活动力依强度渐次排序为：一是子女发展期望；二是个人利益追求；三是追求家庭幸福；四是追求人际优势；五是追求一生平安；六是尽力做好本分；七是实现自我价值；八是为社会作贡献；九是追求生活情趣。国人将子女发展期望排在首位，说明了中国人历来将子女看成自我乃至家族的延伸、扩展，对子女教育和发展期望给予厚望是传统文化使然，这也是顺义妈妈、海淀妈妈等

"鸡娃"妈妈层出不穷、学区房价格坚挺的文化基因。

　　"望女成凤、望子成龙"是中国父母的普遍心态，也折射出中国父母无处不在的教育焦虑。于是，"别人家的孩子"这种中国独有的教育现象应运而生，"你看别人家的孩子"这句话压倒性地入选"未成年人最不喜欢家长说的五句话"之一。可见，我们孩子从小都有一个宿敌，就是"别人家的孩子"。

　　主观上，父母想通过"别人家的孩子"激励自己的孩子不断进步和完善自我，但实际上，孩子生活在"别人家的孩子"的对比阴影之下，承受着父母难以想到的压力和痛苦，甚至"别人家的孩子"成为一些孩子一生成长的梦魇。

（一）"别人家的孩子"的符号定义

　　最初父母眼中的"别人家的孩子"常常是指某一方面特别优秀的孩子，例如，在学习、体育、文艺等某一方面异常突出，这样的孩子作为某方面最优品质的代表得到了父母的高度认可，父母将其作为自己家孩子的最佳参照。而这些孩子是别人家的，是父母在儿童日常教育活动中比较筛选出来的，是父母认知中好孩子的现实代表。随着"别人家的孩子"概念的不断竞争与泛化，"别人家的孩子"逐渐演变成一种教育现象，听话懂事、能干乖巧、学习优异、特长突出、爱好广泛等完美人格成为"别人家的孩子"的标签，"别人家的孩子"被符号化了。

（二）以"别人家的孩子"作为激励榜样带来的危害

　　被符号化的"别人家的孩子"是德、智、体、美、劳全面发展的代表，但儿童时期的个体智力和心理都处于发展中，没有达到成熟完善的状态，其能力和素质都有提升空间，全面优异发展的孩子几乎不存在，父母认识到的"别人家的孩子"所具有的品质和能力并不是一个孩子身上能完全具备的，这些优秀的品质和能力是父母从多个孩子的身上提取出来的，经过父母的传播、谈论、比较、思考等过程逐步演化为诸多优秀品质的代名词。"别人家的孩子"是行为表现良好、能力品质兼优的儿童的总和，具有群像性的特点。所以，以这种集所有孩子优秀品质为一体的"别人家的孩子"作为儿童学习模仿的榜样，会使得"别人家的孩子"这一形象失真，带来不可信任感。另外，"别人家的孩子"是经过成人提炼和拔高产生的诸多优良品质的集合体，超越了身心发展尚不成熟儿童的认知水平和能力范围，与儿童现阶段的身心发展特征不匹配，违背了儿童身心发展的自然规律，用"别人家的孩子"作为儿童成长发展标尺，必然会带来不切实际、拔苗助长的负面效应，也必然给孩子带来心理的挫败感，导致孩子自我认同感缺失甚至亲子关系紧张冲突，让孩子失去对生活、学习的信心。

2018 年 6 月 5 日，山东省淄博市发生了一起中学生杀人案。14 岁的初三学生秦某，持刀杀死了同学马某[①]。杀人的原因极其简单粗暴，只因秦某认为"杀了第一名，我就是班级第一名了"。因为成绩排名总是居于马某之后，就对同学狠下杀手，现在的孩子到底怎么了？其实，在这起杀人案背后，同样值得深思的是秦某父母对他的比较教育。据知情人士透露，秦家是双教师家庭，父母平时对秦某

---

① 资料来源：山东一桩校园惨案：14 岁初中生为争当第一名，持刀连捅第一名 13 刀［EB/OL］．https：//www.sohu.com/a/503367284_120099883.

的成绩要求极为严苛，而被杀的同学马某就是秦某父母口中经常拿来做比较的"别人家的孩子"。正因为如此，长期拿不到第一、得不到表扬的秦某，在极大压力下杀死了第一名马某。这起校园凶杀案，其实是"中国式比较教育"产生的悲剧，是憎恨"别人家的孩子"上升到了顶点而发生的极端行为。丧心病狂的秦某，从表层上看最想要的是第一名，其实更想要的是来自父母的认同和肯定。但凡父母不总盯着名次和分数，能多给秦某一些关心与肯定，也许这场悲剧就不会发生。

（三）怎么与"别人家的孩子"进行科学比较

以"别人家的孩子"作为参照物，方法不当，往往导致孩子产生的不是被激励的感受，而是嫉妒、痛苦、厌恶，甚至亲子关系的紧张、对立，那么有没有既能引导孩子向优秀的"别人家的孩子"看齐，又能保全孩子自尊心的有效方法呢？答案是肯定的，我们可以尝试从以下三个方面来着手：

1. 坚持从时间维度、发展角度来看待评价孩子的表现

有位哲人说，这个世界没有完全相同的两片叶子。孩子也是一样，每个孩子都有自己的天性，他们从降生到这个世界开始，就带着自己的独特个性，孩子与孩子几乎没有可比性，正如花园里的花朵各有特色、各有其美，父母不要盲目地用"别人家的孩子"来进行无效比较，尤其是只针对孩子之间的成绩和结果进行功利性比较来满足家长的虚荣心，这种横向比较除了摧毁孩子的自尊心、自信心，给孩子带来心理暴击和伤害亲子关系外毫无益处。因为影响孩子成

绩和行为结果的因素非常复杂，任何一个孩子都不可能完全复制另外一个孩子的成长轨迹，孩子的成绩更不会因为你将他与别人家的孩子比较就发生质变，促使孩子转变的最佳比较方式是孩子和自己比。因此，父母要学会从孩子"过去—现在—未来"的时间维度上、从发展角度上看到自己孩子的成长和进步。如果父母在时间维度上看到并肯定自己孩子的进步，会让孩子体验到通过自身"诚实的努力"带来的不断进步的喜悦和自豪感，孩子也会产生极强的改变自己的内驱力。

2. 以积极心理学视角聚焦自己孩子的优势，促进孩子发展

积极心理学之父马丁·塞利格曼曾说，一个人的成就和幸福的核心在于发挥他的优势，而不是纠正他的弱点。按照他的理论观点，父母应该更多地关注自己的孩子而不是别人家的孩子，发现、挖掘孩子自身的潜质与能力，让孩子得到充分而自由的发展，让儿童在个性发展的基础上做最好的自己。父母的教育观念是儿童教育活动的指挥棒，从根本上决定着孩子的成长方向，父母是"别人家的孩子"这一教育现象中的决定性角色，是消除"别人家的孩子"教育隐忧的根本起点。此外，在与"别人家的孩子"比较时，父母原来的主要做法是聚焦于自家孩子的弱点和劣势，给孩子带来的是自我否定和自我焦虑。时至今日，父母可以换个角度、用积极心理学指导下的"优势视角"重新审视自己孩子的特点，从原来偏重聚焦于自己孩子的"弱势和缺陷"转变为聚焦于"优势和长处"，从孩子最擅长的方面入手，以点带面从而带动其他方面也朝着好的方向发展。当孩子真正感受到被父母欣赏和接纳时，他的自主性才会被彻底激发，才

会从此起步，开始思考自己要做出怎样的改变，希望如何成长，如何发挥更大的潜能等。

3. 不在公开场合对孩子进行比较

儿童和成人一样都要经历社会化，都归属于一定的群体和团体，都看重自己在社会中的地位、名誉和所属社会群体中他人对自己的评价和看法，甚至儿童比成人有着更强烈的羞耻感和自尊感，希望得到群体和社会认可的愿望更强烈。大量研究表明：在儿童早期发展阶段，周围重要的人对待他们的态度和方式是其自尊感和羞耻感的主要来源。当父母当着其他家长和孩子的面，宣扬自己孩子的缺点时，孩子会体验到强烈的羞耻感。正如美国社会心理学家费斯廷格所说，社会比较是人与人相互作用过程中不可避免的一种社会心理现象。父母也是平常人，完全不跟别人家的孩子进行比较也是不现实的，但是应尽量做到对孩子自尊心的维护，不要当众对孩子进行比较，可以在家里或私下场合跟孩子开诚布公地讨论他与其他孩子的差距，引导他讨论别人家孩子的优秀品质、向别人家的孩子看齐，并深入讨论造成差距的可能原因，对孩子的发展提出具体的指导意见。

二 孩子的归属感

什么是归属感？北京师范大学冯晓霞教授指出："归属感"是指个体认同所在的群体，并感觉自己也被群体认可和接纳而产生的一种隶属于这个群体、与这个群体休戚相关的心理感受。对于孩子来说，归属感就是指孩子觉得自己属于爸爸妈妈组建的家庭中的一员，属于集体中的一员。在这个集体中，自己被集体中的其他成员接受、认可，在集体中是有价值的，不是可有可无的。归属感是人的重要心理需求，按照马斯洛的需求层次理论，它属于人的需求的第三层次（见图3-1）。幼儿阶段的归属感主要包括家庭归属感、集体归属感、民族归属感和国家归属感。归属感的培养不是一蹴而就的，需经历整个学前教育阶段，每个阶段都有符合孩子当下年龄特点、发展水平的培养目标和内容。

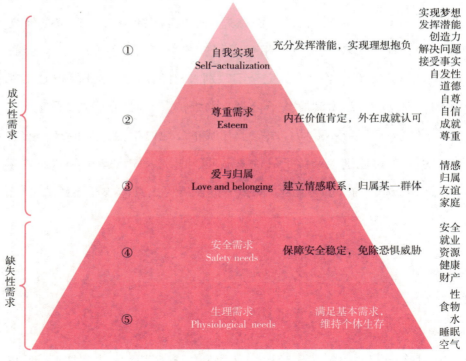

图 3-1　马斯洛需求层次模型

资料来源：笔者根据相关资料自行整理。

幼儿归属感的培养很重要，它既属于幼儿社会学习的主要内容，也是社会性发展的基本途径。中华人民共和国教育部 2012 年 10 月颁布的《3~6 岁儿童学习与发展指南》在社会领域"社会适应"一级目标下就明确将"具有初步的归属感"列为儿童的二级发展子目标之一。美国密歇根大学研究人员的一项最新研究也显示：缺乏归属感可能会增加一个人患抑郁症的风险，研究人员给 31 名严重抑郁症患者和 379 个社区学院的学生寄出调查问卷，问卷内容主要集中在对心理上的归属感、个人的社会关系网和社会活动范围、冲突感、寂寞感等问题的调研上。调查结果显示，归属感是一个人可能罹患抑郁症的最好预测剂，归属感低是一个人陷入抑郁的重要指标。

孩子最初的归属感来自家庭，尤其是入园前的低幼儿童。对孩子来说，安全、放松、有关爱、有认同、有包容、关系和谐、让人温暖的家，才会让他们有归属感。无论孩子将来身居何处，在孩子的心灵深处，都向往有一个温暖的家，这一点对孩子来说至关重要。家应该是孩子放松心情、疗愈创伤、被无条件接纳的地方，那么父母如何以家为起点培养孩子的归属感呢？

（一）和谐的家庭关系是孩子归属感的来源

笔者在从教生涯中曾咨询过很多大人眼中的问题孩子，他们表现出的问题行为主要是离家出走、夜不归宿、打架斗殴、沉迷游戏网吧等。无论孩子们的问题行为表现方式如何，笔者发现孩子们都有一个共性：几乎所有孩子的家庭关系都极不和谐，亲子关系、夫妻关系都存在问题，究其原因，或由于父母忙于生计无暇顾及，将孩子留给爷爷奶奶成为留守儿童而导致亲子关系疏离，或由于夫妻关系紧张导致亲子关系对立，或由于父母教育方式简单粗暴导致亲子关系紧张。家庭关系的冷漠、紧张导致这些孩子的注意力向外扩展，从外部世界寻找归属感，表现出沉迷于游戏、在网吧夜不归宿，与社会上的一些不良少年拉帮结派，以获取他们的接纳和认可。笔者曾咨询过一个学生王某（男生），他下午放学后经常不回家，亲朋好友几乎每次都是费尽心力地大半夜才在网吧里找到他。经咨询了解，他的基本情况是这样的：父母离异，他跟着奶奶生活，奶奶不懂教育，看到王某不听话，就批评指责，还经常给王某的爸爸打电话告状，爸爸知道后对王某又是一顿指责甚至拳脚相向，导致王某和奶奶、爸爸的关系都很紧张。所以我们就不难理解王某为什么老是泡在网吧不愿意回家了，因为家庭关系太对立太紧张了，孩子完全感受不到亲人的关爱，这样的家庭关系带来的只有窒息感、冷漠感。作为父母，首先处理好夫妻关系，让孩子看到父母的恩爱；其次处理好与老人的关系，让孩子看到父母对老人的孝敬；最后父母还要处理好与孩子的关系，让孩子感觉到你是无条件爱他的。一个家庭中，只有关系和谐，爱才会在家里流动，家才会其乐融融，才会对孩子产生吸引力。谁也不愿意回到一个充满敌意和争吵的环境中，何况是孩子呢？只有和谐的家庭关系才能温暖孩子心灵，从而使孩子产生归属感，也才能让孩子停止流浪、回归家庭。

（二）每个孩子都是值得尊重的独立个体

很多离家出走的孩子向笔者吐露心声："母老师，我真想逃离现在这个家。我爸爸妈妈根本不把我当人看待，他们把我当成他们的附属物，从不尊重我的意见，总是安排我、控制我的生活，让我做一些我自己不愿意做的事情。看到父母我只有愤怒，我宁愿在外面多待一会，也不愿意回家，每次都是硬着头皮回到那个让我厌恶的家。"这些孩子不愿意回家，主要原因就是觉得父母对自己不够尊重，父母经常把自己的意志强加给孩子，让孩子产生了强烈的抵触情绪。作为父母，我们应该有这样的认知：尽管我们给了孩子生命，但孩子和我们大人一样，是一个值得尊重的独立的个体。父母对孩子的尊重主要表现在：①用尊重的语气和孩子说话；②尊重孩子的选择；③尊重孩子的情绪，照顾孩子的感受。只有父母尊重孩子，其在孩子心中才有魅力，在孩子心中才有威信。尊重是相互的，谁让孩子失去尊严，孩子就会向谁讨回尊严。尊重孩子无疑是对孩子的一种正确表达爱的方式，没有尊重，家庭教育会黯然失色，亲子关系异常紧张，教育结局也会以失败告终。

当然也有家长向笔者咨询，如果孩子因经验缺乏，要做出在家长看来错误的选择，家长也要顺从他吗？如何避免孩子的错误选择所带来的严重后果？笔者的建议是，充分和孩子沟通，告诉孩子做出这种选择会面临的后果，然后让孩子自己做出决策，这样一旦产生不良后果，孩子也不会怨天尤人，从而培养孩子自己选择自己负责的责任感和担当。当然，间接经验和直接经验对孩子的影响力相差很大。孩子一般很反对家长苦口婆心的说教，因为对他来说那是间接经验，他没有亲身经历，很难对家长的经验传递产生共情，他只会觉得那是家长过时的经验，是对他的控制。所以作为家长，我们要尽早从小事上开始锻炼孩子的决策力，让孩子去试错，这样试错成本也比较低。在孩子决定按照自己的想法行动前，可以先将大人对这件事的看法以及对结果的预测告诉孩子，如果孩子仍坚持要做，就尊重孩子的决定，即使明知道他会吃亏犯错，这就是成长的代价。任何孩子不经历这样的挫败都不会成长，有些弯路早走比晚走好，早走的弯路好纠正，并且对孩子的人生也不会造成决定性的影响。遇到孩子坚持己见也不要太焦虑，正确的做法是待孩子发现结局不理想以后再帮助孩子一起找到弥补解决的办法，千万不要打击讽刺孩子，这样家长的威信也在一件件对事情的正确预测中得到建立，家长在孩子失败后的倾情帮助会让孩子强烈地感受到来自家庭的温暖，有益于提升亲子关系的亲密度。孩子以后每一次重大决定一定会征求家长的意见，孩子也会自信满满地跨入社会，因为身后有来自父母的强有力的社会支持。有的时候必要的试错学费一定要交，家长不要害怕孩子犯错，就像蹒跚学步的婴儿，不跌倒怎么学会行走？小的犯错是为了让孩子在人生的关键事务上少犯错甚至不犯错，这就是最大的幸运了。例如，笔者有一位好朋友的孩子在7岁时有一次在群众艺术馆上课，看到别的小朋友上钢琴课，听着优美的钢琴声，很心动，也想学，然后她妈妈就告诉她学乐器很辛苦，问她是否能坚持下来，而且买一台钢琴价格不菲，半途而废也会导致经济损失，希望她想清楚再决定。最后孩子还是坚持要学，朋友就带着孩子拿着现金到琴行提货，让她把购琴的现金亲自交给琴行老板，孩子看着一张张百元钞票由她自己的手交给老板，这种仪式感对孩子责任感的启发作用是显而易见的。后来的实践证明，朋友的孩子在学习乐器方面确实没有天赋，之所以最后能考过十级，是孩子刻苦练习、以勤补拙的结果，这孩子在信守承诺、坚持练琴的几年中，其毅力、意志、责任感和吃苦耐劳、遵守承诺等可贵品质都得到了极大提升。

（三）父母对孩子无条件接纳的爱让孩子对家产生归属感

在笔者做高中班主任的短暂工作生涯中曾经遇到这样一个学生，他每天下午放学后经常不及时回家，而是主动留下来帮助其他同学打扫卫生，总是最后一个回家。一开始我以为他是乐于助人，在班上表扬了他。可是有一天，他主动找到我说："老师，你知道我为什么总是最后一个回家吗？因为我讨厌回家，我讨厌父母那张唠唠叨叨的嘴，他们总是对我不满意，总能找到我的各种毛病。我考不好，他们就说我不认真；我房间乱，他们就说我懒，不讲卫生；我丢了东西，他们就说我丢三落四；我买点小零食，他们就说我馋嘴；我看会儿电视，他们就说我只知道看电视，不知道学习。总之，我在他们眼里一无是处。"现在终于知道了有些孩子回家的路为什么这么漫长，因为父母对孩子要求过高，不能容忍孩子的不足，对孩子缺乏接纳，父母对孩子的爱是有条件的，父母只接纳优秀的孩子或者孩子的优点，但真实的孩子大多是缺点和优点同样突出，甚至缺点盖过优点。父母的这种方式，让孩子感觉特别不舒服、不理解，所以对家没有温暖的感觉。因此，父母对孩子要多一些包容理解。犯错误是孩子的权利，也是孩子成长过程中的小插曲，没有谁生来就是完美无缺的，蝴蝶也必须经过蛹的挣扎。对孩子缺少接纳，只会把孩子逼进死胡同，在他们心中种下冷漠、仇恨的种子。所以，请各位父母在面对孩子犯错时，多想想自己童年闯下的祸、犯过的错，然后接纳自己孩子的缺点和不足，并帮助其成长，这样的爱才是有格局的爱，也是有益的爱，孩子才能对家产生信赖感和归属感。

（四）父母高质量的陪伴会进一步强化孩子对家的归属感

曾经有这样一个案例：某村一个初一的小女孩，失踪了好几天，家人非常着急，四处寻找未果，然后报了警。公安机关调取监控发现，小女孩是被一名中年男子领走的。奇怪的是，当公安机关在这名中年男子家中找到这个小女孩时，小女孩就是不愿意回家，原因是回家没人陪她。原来孩子的爸爸妈妈在县城市场上卖水果，每天早出晚归，丢下小女孩一个人在家，她每天除了看电视就是玩电脑，非常孤独。而在这个中年男子家里，中年男子天天陪伴着她。可见，陪伴对孩子来说多么重要。没有爸爸妈妈的陪伴，孩子的心灵就是孤单无依的，这时候的家对孩子来说只是一个吃饭、睡觉的地方而已。只有父母的陪伴会让孩子对家产生眷恋。所以，为人父母者，即使每天再忙，也要抽出一定的时间陪伴孩子，这里的陪伴不是拿着手机玩自己的、把孩子丢在一边的"假陪伴"，而是陪孩子说话，陪孩子做游戏，与孩子交流，了解孩子心中的困惑和心理需求，让孩子感受到父母的力量和关爱的高质量陪伴。不然，家对孩子来说就没有了归属感，他们宁愿被陌生人领走，也不愿意待在自己家里。这是多么可悲的事情！对父母来说，这也是多么失败的事啊！

当然，孩子归属感的建立是伴随终身的，最初以家为单位，后来随着孩子的成长和社交范围的扩大，孩子的归属感慢慢延展到幼儿园、学校、班级、工作单位，但是父母提供的家始终是孩子归属感的最初来源，也是最重要的存在。

三　孩子的安全感

作为一名家庭教育指导师，在家庭教育讲座中，经常听到一些家长抱怨自己的孩子在陌生环境不敢说话、不能和陌生人交流，比较认生，只要妈妈照顾，日常交流中，也经常听到妈妈们抱怨自己孩子缺乏安全感。那么，心理学上的"安全感"到底是指什么呢？我们应该如何培养孩子的安全感呢？

（一）什么是孩子的安全感

心理学上的"安全感"是指安全的依恋关系，是孩子和主要养育者之间形成的彼此安全、信任的关系，是一种人在社会生活中感到安心不害怕的感觉，主要表现为确定感和可控感。安全感是生命的地基，是心理健康的基础。只有在满足了安全感的基础上，孩子才能带着稳定的心理去探索未知的广阔世界，追求更高层次的需要，带着自信心和小伙伴们打交道，融入学校生活，找到自己的价值。反之，如果孩子有过度的不安全感，将会引发孩子心理问题和疾病，导致精神障碍。从孩子脱离母体开始，孩子面对陌生的环境就十分恐惧和不安，为了减少恐惧，孩子会从妈妈那里寻找心理上的安全感和归属感，0~3岁是婴幼儿与父母建立良好亲子关系的关键期。

那么，如何判断孩子是否处于安全的依恋关系中呢？对此，著名心理学家安斯沃斯做了一个有趣的陌生情境实验：先邀请妈妈和孩子进入一个房间，一会儿让妈妈借故离开房间，陌生人进入房间，代替母亲与孩子玩耍，之后再让妈妈返回房间，陌生人离开，以此来观察孩子在妈妈离开和返回时的反应，以及陌生人替代妈妈时孩子的反应。

安斯沃斯把那些在妈妈离开时，有较少痛苦反应，分离焦虑程度轻微，在妈妈返回时，开心迎接妈妈的孩子称为安全的依恋类型，这种类型的孩子约占60%。

而其他孩子则属于不安全的依恋类型，具体可以分为矛盾型、回避型和混乱型三种。

矛盾型孩子的表现是当妈妈离开时，极度痛苦，情绪不易安抚，而妈妈回来时，则对妈妈愤怒不已，推开妈妈或者对妈妈拳打脚踢。与母亲分离时不安，回来后不易安抚，既寻求安慰又抵制安慰，总是在矛盾中摇摆。这种类型的出现与家庭环境有直接关系，主要是抚养者没有稳定及时回应孩子的需求造成的，这类孩子占10%~15%。

回避型孩子的表现是妈妈离开时和返回时都没有反应，表面上好像是对妈妈的去回无所谓，可是当心理学家检测孩子的心率时，却发现孩子的心率在这两个时刻都明显加快，这是由于长期得不到母亲回应而造成的，看似不需要母亲的关怀，其实内心极度渴望依恋，可是长期得不到回应，所以他们不做出回应。这类孩子的母亲一般对孩子发出的信号不是那么敏感，没有及时回应，甚至母亲自身情绪也不稳定，这类孩子约占 20%。

而混乱型孩子的反应则比较混乱，没有显示出应对压力的一致性方法，一会儿哭一会儿笑，没有特别稳定的情绪状态，总是处于混乱之中，对母亲显示出矛盾的行为，既躲避又寻求亲近，表现出对关系的不解和害怕，这种类型多见于受虐孩子身上，这类孩子占 5%~10%。

（二）孩子缺乏安全感的表现

孩子的安全感是孩子健康成长的基本需求，是孩子健康人格养成的重要基石之一。孩子缺乏安全感主要表现在情绪、睡眠、身体和行为等方面。当发现孩子出现如下症状，父母应注意判断是否为缺乏安全感的表现。

（1）情绪方面：孩子缺乏安全感时比较怕黑、怕人，而且比较黏家人，因为孩子的情绪表达不像成年人充分，还会出现缺乏自信的现象，容易焦虑、紧张，显得孤僻。

（2）睡眠方面：孩子晚间睡眠时需要父母的陪伴，不敢单独睡觉，而且睡得不踏实，有时还会出现夜惊。睡觉时喜欢蜷缩或趴着，因为这种睡觉姿势能增加孩子的安全感。

（3）身体方面：孩子身体上有时会出现各种不舒服的感觉，如肚子疼、吃饭没胃口、头疼等。孩子害怕上学，上学前开始出现身体不舒服的感觉，部分孩子体温会升高，如果在家则一切正常。

（4）行为方面：孩子变得比较退缩，如不愿意出门，不愿意跟别人接触，潜意识里会比较希望得到别人肯定，不能掌握友谊的分寸和界限，把别人的意见看得比较重。

（三）孩子安全感缺失的原因

1. 父母有负面情绪或极端情绪

一些父母经常把工作上和其他方面不如意带来的消极情绪表露在孩子的面前，并经常向孩子倾诉自己的一些负面内心感受或极端情绪。对孩子而言，这种倾诉会对孩子造成心理负担和伤害。很多父母误认为，孩子可以倾听他们的痛苦和感受，并且还会安慰他们。但是，真实的现状是，当一个孩子在担当父母的倾听者时，如果经常感受到连自己依靠的父母都不能处理这些困难时，他们会产生害怕和恐惧的心理，因为在他们的认知世界里一直觉得父母是照顾他们的人，也是最有力量的人，父母的倾诉会让他们惶恐不安，觉得无人可以依靠，甚至会认为自己是造成父母痛苦不安的原因，导致孩子出现强迫性内疚、不安和焦虑的负面情绪。

2. 孩子对外在的一些恐惧源的不当认识

对年幼的孩子来说，任何未曾经历的事物或未知现象都会引起恐惧和害怕，都是外在的恐惧源，如黑夜、打雷、闪电等，这也是导致孩子出现安全感缺乏的因素。如果孩子对这些未知现象和事物缺乏正确的认识，或者父母、养育者经常用这些未知现象来恐吓孩子，孩子就会出现一些缺乏安全感的行为举止，如怕黑、不敢独自在家、坚持要父母陪睡等。例如，笔者一个朋友的孩子出生后，因为无老人照顾，朋友夫妻又要上班，经亲戚介绍就在附近找了一位50多岁的农村阿姨帮助带孩子。阿姨照顾孩子倒也认真负责。但是孩子长到 1 岁多以后特别喜欢到外面和其他小朋友玩，甚至吃完晚饭天黑了，还要指着窗户外面示意带他出去玩。阿姨无奈就经常指着窗户吓唬孩子说："天黑了，外面有鬼，有大老虎要吃小孩子，不能出去哦！"从此以后，孩子一看到天快黑时马上就催着回家，直到六七岁也不敢和父母分床睡觉。

3. 父母不合理的、惩罚性的抚养方式

父母在抚养孩子过程中采用的一些不合理甚至惩罚性的抚养方式是造成孩子安全感缺乏的主要原因之一。有些父母为促使孩子表现得更好甚至向自己希望的方向发展，会对孩子采用惩罚、拒绝、剥夺等方式，或不理睬、对孩子表示失望等"爱的收回"的心理惩罚方式来达到目的。有些父母甚至认为："当我把他赶进房间、使劲吼他几声或打了他以后，他会很快平静下来，之后他的服从性会表现得更好。"事实上，这并不是孩子真正地接受你的建议，而是由于害怕惩罚而表现出的战术性的暂时顺从，孩子并不会表现得更好，反而会越来越糟。孩子只是因为害怕而不敢反抗，但是他在积蓄力量，一旦进入青春期，孩子的反抗性将会以反常形式爆发。所以，父母这种不合理甚至带有惩罚性的抚养方式，阻断了孩子表达自己需求的正当途径，也导致父母与孩子的感情破裂，使孩子体验到威胁和焦虑，变得没有安全感。

4. 父母基于保护孩子的本能对孩子行为的过度控制

父母经常会因为过度担心孩子的人身安全而限制孩子活动和探索的行为，当然也有怕弄脏孩子衣服而限制孩子行为的家长。对孩子行为进行多方限制，不断强调这儿不能去，那儿也不能去；大声

警告这个有危险不能玩，那个不安全不能碰。经常会出现诸如"和你说了多少次了，那个不能玩，你就是不听，现在受伤了吧？真该打！"等训斥言论或惩罚行为。父母过分夸大环境的不安全性，并采取过度控制的方式，使孩子感觉周围环境充满了危险，渐渐地，即使在没有任何危险和威胁的情况下，孩子也会体验到不安全感，表现为孩子在陌生环境面前逐渐退缩、焦虑、缺乏自信，甚至出现为安全而努力的自卫倾向等社会适应困难。在父母多陪伴孩子的情况下，安全感比较容易建立，在陪伴时如果孩子有情感要求，父母要及时回应，以帮助建立安全感。父母不要长时间离开孩子，即使在外地，也尽量把孩子带在身边，这对安全感的建立非常重要。父母还要多陪孩子做游戏，参加社会群体活动，增加孩子的社会交往能力，进而逐渐增加孩子的安全感。

家庭教育中，我们如何培养孩子的安全感呢？

（四）培养孩子安全感的有效方法

1. 母亲的陪伴是第一要素

母亲是孩子天然的养育者。为什么这么说呢？因为母亲怀胎十月，胎儿已经对母亲的声音、气味非常熟悉了，在婴儿出生时，由母亲来照料最能安抚婴儿的心灵。一直以来，大家有个认识误区，那就是认为婴儿什么都不懂，这个时候由谁来养育都可以。我们所认为的不懂，其实只是这个时候的婴儿还不会用语言来表达内心感受而已。心理学家研究表明，幼儿的心灵是非常脆弱的，尤其是3岁前的孩子，因为这个时候孩子还没有形成"客体恒常性"的能力。

究竟什么是"客体恒常性"呢？

"客体恒常性"（Object Constancy）是人类在 2~3 岁时获得的一种认知能力，指的是我们与"客体"能够保持"恒定的常态"（Constancy），源自客体永恒性（Object Permanence）的概念。我们明白，在某些情况下，就算客体无法被看见、触摸或者感知到，他们也依然是存在的。例如，3 岁以后的孩子明白，即使妈妈每天要离开他出门上班，下班才会回家陪他，但是妈妈还在，妈妈只是暂时离开，这就是"客体恒常性"的认知。但是，对于 2 岁以下的孩子来说，他没有"客体恒常性"的认知能力，认为妈妈离开就意味着妈妈从这个世界上消失不见了，而且永远不会回来了，这个时候孩子的内心是非常恐惧的，甚至是灾难性的，所以他才会情绪激烈地不允许妈妈和自己分离。"客体恒常性"的能力大概要在孩子两三岁时发展出来，这个时候他才能理解妈妈虽然离开自己了，可是妈妈还在，她还会回来。3 岁前是孩子安全感和人格养成的关键期，在这一时期，母亲尽量不要长时间离开孩子，更不能随意变更孩子的养育人，要竭尽全力给孩子营造一个稳定的生活环境。母亲亲自照料孩子，会让孩子感受到这个世界是安全的、舒适的、温暖的。

2. 父亲角色不能缺位

孩子 3 岁之前，父亲并不是孩子养育责任的直接承担者，父亲的功能主要是在情感上、精神上支持母亲，让母亲带着轻松、愉悦的心情去全身心地照顾孩子。而孩子 3 岁以后，父亲在孩子养育中的功能就愈发凸显，父亲需要从支持者转变为直接的参与者。孩子在 3 岁前已经和母亲建立了亲密的依恋关系，是时候和母亲"分离"

了，这是孩子成长的需求。如果一个孩子只和母亲发展亲密关系，而没有发展"分离"的能力，那他到了该上学的时候就会非常害怕走出家门。在心理咨询中，厌学、拒学的孩子越来越多，回溯这些孩子的成长经历，有很大一部分孩子是父亲常年在外地工作，从小只由母亲一个人养育的。而在孩子发展"分离"能力的时候，是非常需要父亲帮助的。父亲是孩子和母亲之间一个天然又无害的介入者，父亲适时地加入可以有效地稀释孩子和母亲之间的情感浓度，让孩子学会与更多的人发展安全的依恋关系，进而可以促进孩子向外发展更广泛的人际关系，也为孩子扩大社交范围，更好地适应即将到来的学龄生活打下基础。

此外，父亲的特质和母亲是迥然不同的，通常孩子获得的勇气、探索、冒险等精神特质一般由父亲传递给孩子，父亲会给孩子提供一个更广阔的世界去发展自己的勇气，这种特质对孩子的成长不可或缺。

3. 关注情绪需求、善用沟通方式

每一对父母都是有血有肉、普通而平凡的人，在家庭生活中也会不可避免地产生冲突、矛盾和痛苦。例如，孩子有可能面临父母离异，有可能遭遇家庭的经济危机，有可能遭遇亲人的生老病死等。无论出现哪一种情况，在孩子心里都会掀起一场狂风暴雨。父母在应对生活中的困境和变故时，千难万难，也不要忽略对孩子心理的关注和照料。有的家长会认为，这些事情都瞒着孩子，孩子就能不受影响，这就低估了孩子的感受能力，孩子每天与父母朝夕相处，对父母的反应再熟悉不过。在家庭里，如果父母在承受痛苦，孩子

一定能感受到，所以在这个时候父母要记得与孩子做好沟通，把家里的状况适时地跟孩子谈一谈，询问一下孩子内心的想法和需求，并把自己应对状况的具体方案跟孩子做适度分享，增强孩子对父母解决困难的信心，也让孩子感受到自己作为一名家庭成员的重要性，以及与父母共渡难关的责任、担当，增强家庭的凝聚力。只要父母在情感上跟孩子保持一致，就能最大限度安抚孩子心里的不安和担忧。当然，父母作为孩子最重要的社会支持来源，在孩子的每个成长阶段都不能缺席，在孩子每个重要时刻都应保持在场，在孩子每个脆弱、困难的瞬间给予关注、安抚，为孩子安全感的养成添砖加瓦，这就是家长给予孩子最宝贵的礼物。

4. 温和、守信的养育方式是保障

用温和的养育方式助力孩子的安全感培养是非常必要的。有的家长在养育中会用恐吓、吓唬，甚至暴力的方式来对待孩子，在最初使用的时候，这样的方式可能会非常"高效""好用"，效果立竿见影。可是长此以往，孩子的心里会积累很多恐惧和负能量。在心理咨询中，我们发现有很多孩子怕黑、怕鬼、怕妖怪、怕僵尸、怕虫子、怕外星人等，这些恐惧体验极大地影响了孩子的生活和发展。这些心理问题的产生，有很大一部分原因跟父母错误的养育方式有关。孩子把从父母那里体验到的恐惧转移，甚至泛化到了那些林林总总的外在事物上面。例如，笔者的孩子自小怕黑、胆子小，就与保姆在带孩子的时候使用恐吓方法有关。每当孩子晚上要闹着出去玩时，保姆就会指着黑黑的窗户告知孩子外面有鬼、有大灰狼，孩子很快就被吓回来了，这样大人就可以轻松安心地做自

己的事了。

　　父母要做真诚、守信的人。有的家长觉得小孩子是可以随便哄骗、糊弄的，这个方式在最初的时候同样"好用且省时省力"，可是在孩子一次又一次的期待与失望之中，消耗和破坏的却是对父母的信任，上演了现实版"狼来了"的故事。例如，每年春节，家家户户都会上演成人哄骗孩子压岁钱的戏码。笔者倒觉得如果家长担心孩子管理不好压岁钱，可以用两种解决方案：第一种方案是给孩子明说你的压岁钱是父母给别人家孩子压岁钱而换来的，所以建议把压岁钱放在爸爸妈妈这里保管，以便于父母还情，等孩子需要用的时候再从父母这里支取，这种方案笔者本人用到了孩子高中毕业，说明情况后孩子也比较支持，亲子关系融洽；第二种方案就是以孩子的名义存起来，专门用于给孩子的各种开销，如交孩子的培训费、学费、旅游费等，密码双方共同拥有，使用前商量提取，专款专用，记好账目开销，也让孩子直观体会到父母养育的不易，建立良好的金钱观、亲情观。两种方案的核心要素就是父母与孩子间的坦诚、真实、协作互信。如果孩子在跟父母的相处之中体验了很多的恐惧和失信，那他走出家门后，与其他人建立社会关系时，也会更多地体验到这些感受。

　　因此，为了孩子以后能在人际交往中感受到更多的愉悦和幸福，请摒弃简单、粗暴的养育方式。温和、守信的养育虽然更耗时、耗力，但最终结果是值得的，对孩子安全感的养成作用也是显而易见的。

（四）尊重孩子

　　笔者在临床咨询中经常遇到很多带着孩子来咨询家庭教育问题的家长，还没等笔者开口就会当着笔者的面毫无顾忌地数落孩子，抱怨孩子在学校、在家里如何不乖、不听话，不仅学业上不按家长的要求去做，而且在生活中的其他很多方面也都不顺家长的意。甚至一些家长在咨询过程中讲得情绪激动起来："我生他养他，怎么就不能管他了？我给他吃、给他喝，养他这么大，他却不听我的！"这些话听起来是不是很熟悉，是不是平常你也有对孩子吼过？是不是你的父辈也曾这样对你说过？于是你如法炮制、复制。其实作为家长，如果我们稍微冷静一点，我们在家庭教育中能够有一点反思精神，就会发现这样的想法太有问题了。这样的家长，犯了一个最基本的错误：缺乏对孩子起码的尊重，把孩子当作自己的私人物品，认为家长有权利按自己的意志来控制孩子、管理孩子。错矣！亲子关系中如果没有对孩子的尊重，一切家庭教育将无从谈起！尊重孩子是建立和谐的亲子关系、开展有效的家庭教育的前提。我们必须先发自内心地尊重孩子，然后再来谈教育、谈成长、谈学业，这样才会有效果。

（一）家庭教育中尊重孩子的重要意义

　　家庭是婴幼儿人生发展的起点，父母的教养态度对孩子一生的发展起着奠基性的作用。尊重幼儿对幼儿的身心发展具有如下的意义：

1. 能够促进幼儿情绪情感的发展

幼儿期是情感发展的关键时期，他们有着强烈的爱与被爱的需要。家长的爱与尊重恰好满足了幼儿被爱的需要、受人尊重的需要。爱和尊重需要的满足能带给孩子们愉悦的情感体验，丰富其美好的情感。家长的爱与尊重的言行也在被幼儿所观察、模仿和学习，在这个过程中，幼儿逐渐懂得了爱与尊重，并体会着尊重别人、爱别人的幸福。

2. 能够激发幼儿的探索意识，培养创新精神

儿童从一出生就进入了社会，周围世界对他有很大的吸引力，他对周围各种事物都很新奇，有探索的需要。幼儿期的孩子就像是一个小小探索家，他们要用自己的所有感官，通过摸、闻、看、听、尝等各种方式了解周围的事物。他们不是消极的个体，他们有积极参加社会生活的需要。父母的爱和尊重，给孩子们提供了一个温馨宽松的环境，使孩子变得敢于尝试、乐于挑战和创新，不怕犯错，也就给予了孩子们独立自由的思考创造时间和空间，而这恰恰是对孩子最可贵的创造能力的启蒙。

3. 有助于孩子社会化的发展

幼儿的自尊心和荣誉感都很强，如果家长能细致地发掘孩子身上的优点并及时加以肯定，就会激发他们的荣誉感与自豪感，并使好的行为得以巩固和趋于自觉化。一个被尊重被关爱的孩子，才能建立起良好的自尊和自信，形成利他行为和良好性格。这样的孩子

在群体中是快乐的，在群体中快乐的孩子是热爱群体的，是乐于与人交往的，他们会调节自我言行以适应不同人群的需要。而一个懂得爱、懂得关心的孩子是会受到群体中的同伴们欢迎的，孩子的社会交往能力、乐群性、社会化水平都能得到很大提升。

4. 激发孩子学习的内驱力，增长学识，促进孩子健康成长

受到尊重的孩子身心愉悦，而身心愉悦的孩子喜欢参与各种活动（如探索活动、实践活动、交往活动等，这些活动多以游戏形式出现）。在活动中，一方面，孩子通过与环境、同伴、各种玩具、材料的相互作用，增长了知识、发展了能力（协作组织能力、动手能力、探索能力、创新能力等）；另一方面，孩子锻炼了身体机能。此外，良好的情绪状态能保证孩子身体内分泌系统正常运转，帮助身体新陈代谢、生长发育，促进健康成长。

（二）尊重孩子始于看见孩子的需求

如何真正做到尊重孩子呢？笔者认为，要做到真正地尊重孩子，首先要"看到"孩子，"看到"孩子什么呢？"看到"孩子的需求。当代的父母，常常把"尊重孩子"挂在嘴边。然而，作为父母，如果我们不能"看见"孩子的需求，那就谈不上所谓的"尊重"。甚至很多时候，因为不能"看见"孩子的需求，父母的一个不经意的行为，可能会成为孩子童年的创伤。记得笔者小时候，国家还是实行计划经济的时候，物资供应很紧张，吃肉要肉票，一般家庭基本都是一周才能吃上一次肉。当时家里住平房，邻居家为了看家护院，养了一条大黄狗（中华田园犬），取名阿黄，我们小孩子都很喜欢这条狗，尤

其邻居家的小女孩，每天放学回来第一件事就是和阿黄玩，课余时间几乎也和阿黄形影不离。有一天，邻居家有朋友到访，却被阿黄差点误伤，邻居家决定趁着家里小女孩上学时将狗打死吃肉，改善生活。等到小女孩放学回家，到处找阿黄都找不到，才被告知阿黄已经被打死，变成了桌子上的美味狗肉，小女孩伤心大哭，坚决不吃狗肉。在那个贫瘠的时代，孩子的需要往往不被重视，情绪不被"看见"，这种不被"看到"的悲伤也成为小女孩童年记忆永远的痛。

尊重孩子，始于"看见"孩子。既要"看见"孩子的情绪，也要"看见"孩子的需求，不要将家长的价值观凌驾于孩子之上。然而，在生活中，我们常常带着自己成人的主观视角，习惯于用东西是有用还是没用、东西价格昂贵还是便宜来做出判断，并做出相应的处理；其实我们恰恰忽视了，一件事物在孩子眼中到底价值几何，孩子有自己独到的判断标准和视角。笔者记得 2010 年搬家时，让孩子自己选择留下要搬到新家的物品（从孩子 6 岁分床睡觉后，我们就坚持让她自己整理自己的东西），发现她坚持要带走的物品是一些在我们成人眼中不值钱的东西，如手工、涂鸦、糖纸、瓶盖、小人书等，而在我们成人眼中值钱的电动玩具、乐高玩具，孩子兴趣点并不高，笔者耐心询问孩子为什么要带走这些不值钱的物品，孩子往往能讲出这个物品既往的小故事和给她带来的乐趣。笔者这时才意识到，孩子的视角和需求与成人是不同的，成人用金钱衡量事物的价值，而孩子却简单纯粹很多，判断这个物品是否值得留下，标准只有一个：这个物品是否好玩，自己是否喜欢玩。最后，笔者"看见"了她的需求，选择尊重她的选择，让她留下了这一切。

（三）尊重孩子的内涵

奥地利心理学家阿尔弗雷德·阿德勒说过，幸运的人一生都被童年治愈，不幸的人一生都在治愈童年。不被自己的父母尊重，对孩子来说就是最大的不幸。只有被父母充分尊重和接纳的孩子，才能收获尊严和幸福，才能健康地发展自我。我们必须先发自内心地尊重孩子，然后再来谈教育、谈成长、谈学业、谈发展、谈超越。因为尊重孩子是建立和谐的亲子关系的前提，有尊重才有信任，而信任是开展有效家庭教育的基础。

青少年教育专家孙云晓也曾说过，教育孩子的前提是了解孩子，了解孩子的前提，是尊重孩子。因此，当我们家长想让孩子学什么东西，首先要把孩子当作一个成人来尊重，坐下来好好商量。要在了解孩子的基础上，尊重孩子的兴趣、爱好，帮助孩子找到自己的优势。家长要尊重孩子的兴趣，不要让自己的意志挤占孩子的成长空间。相反，要尽可能给孩子留出空间，让他自主选择，然后自发地投入学习。孩子在内力驱使下的学习，才会愉悦而充满动力。当然，也要教会孩子为自己的选择失误买单，不怨天尤人。

1. 尊重孩子发展的客观规律

万物自有其发展规律，这个规律基本不以人的意志为转移。2022 年第 24 届冬季奥林匹克运动会，谷爱凌式"天才少女"的神话，更增添了部分家长孩子教育的焦虑，容易让家长产生拔苗助长的冲动。而纵观谷爱凌的成长轨迹，恰恰不是被"拔"起来的。她的母亲强调："我就是让她必须睡足够的觉，如果无法保持身体健康，宁可不滑雪。"

孩子的发展有两个规律：第一是生理规律，人的智力发育和身体发育都遵循一定的生理发展客观规律，所谓"什么时候就做什么事情"，避免事倍功半。著名的格赛尔双生子爬楼梯实验就有效地证明了这一点，美国心理学家格赛尔曾经做过一个著名的实验：被试者是一对出生46周的同卵双生子A和B。格赛尔先让A每天进行10分钟的爬梯实验，B则不进行此种训练。6周后，A爬5级梯只需26秒，而B却需45秒。从第7周开始，格赛尔对B连续进行两周爬梯训练，结果B反而超过了A，只要10秒就爬上了5级梯。格赛尔分析说，其实46周就开始练习爬楼梯，为时尚早，孩子智力和身体都还没有发育成熟，所以训练只能取得事倍功半的效果；52周开始爬楼梯，这个时间就非常恰当，孩子智力和身体发育都做好了成熟的准备，所以训练就能达到事半功倍的效果。第二则是情感和心理发展的规律。例如，前面已经介绍过的皮亚杰的儿童认知发展规律、埃里克森发展的八阶段理论等，孩子成长自有其自然规律（天才儿童除外，但是生活中99%的孩子都属于正常孩子），我们要遵循孩子发展的身心规律，因势利导，而不是罔顾孩子自身发展规律，逆势而行或拔苗助长地超前学习，导致教育效率低下，效果不佳，而我们很多存在教育焦虑的家长又会因为教育效果不理想而盲目怪罪、否认自己孩子，导致孩子自信心丧失，形成教育的恶性循环。

2. 尊重孩子的个体差异

我们生活在一个标准化时代，一切皆有标准可循，菜谱是标准的、配餐是标准的、物流是标准的、工作流程是标准的，我们很容易获得一种"标准"意识。从孕期到婴儿期，有各种育儿书、App 来告诉新手父母，孩子每个年龄应该达到的身长、体重，以及语言和动作发展的标准是什么。进入儿童与青少年期，特长等级证书、考试成绩和学历证书则成为新的标准，用来测量和说明孩子的学识、能力和发展。步入社会以后，收入、职业、职务、职称成为衡量人是否成功的标准，等待着一代又一代年轻人去撞线完成。在"标准"的尺度面前，我们太容易忘记每个孩子都有与生俱来的差异，而忽视差异，往往会忽视孩子发展的真正优势。德国哲学家莱布尼茨说过，这个世界没有完全相同的两片树叶。当然花园里的花也是美得各有特色，扼杀孩子天性，去追求同一种成功标准无异于是对孩子的谋杀。世界最高峰——珠穆朗玛峰，因登山者攀登而留下很多生活垃圾、排泄物，当然还有死去的攀登者的遗体。因为海拔高、冰雪覆盖，这些垃圾不能分解，严重污染环境，有一支由世界各地的登山爱好者和西藏的夏尔巴人组成的垃圾清道夫队伍，他们在海拔七千多米的高度背尸体、运垃圾，用生命守护珠峰的神圣、捍卫珠峰的美好。但如果按照功利世俗的成功标准，他们不是成功者。成功的标准是多元的，只要每个孩子发挥所长，在各自擅长的领域认真学习、努力工作，就是成功。

尊重孩子个性，请允许"另类"孩子的存在。孩子的性格是多元的，有的循规蹈矩、胆小怕事，有的喜欢自我表现、好出风头，有的迷信权威、照本宣科，有的敢于质疑权威、充满批判精神……相信我们每一个人心目中都有一个评判性格好坏的标准：如果一个小男孩每天玩布娃娃，肯定会得到一顿训斥，被骂没出息；如果一个小姑娘每天跟着男孩子摸爬滚打，将被视为"假小子"而受到管教。家长们请不要用成人的"规则"去剥夺孩子做"另类"的权利。男孩子不一定都得拿着刀枪"打打杀杀"，女孩子也不一定得抱着布娃娃扮妈妈。

尊重孩子个性，请允许孩子说"不"。孩子两岁左右开始经常说"不"，这意味着孩子进入第一反抗期了，这是孩子成长必须经历的阶段，是一件值得高兴的事。令人遗憾的是，受传统观念的影响，我们周围的大多数父母一遇到孩子反抗就来火："怎么能对父母这样？""小小年纪就这样将来还得了？"……当然我们说要给孩子做"另类"的权利，只是鼓励孩子打破陈规陋习，而不是要他们违反道德规范，甚至违法犯罪。处于第一反抗期的孩子想独立做事的愿望变得强烈起来，无论是吃饭还是穿衣都想要自己一个人来完成，常常拒绝妈妈的帮助，动不动就说："不，我自己来。"但是，由于肌肉发展所限，动作往往不精准，常出现失误，如吃饭时将饭菜撒得到处都是、穿衣扣错扣子、接水摔坏杯子等，这时，父母就会觉得孩子非常难对付，甚至觉得孩子变得真任性。实际上，孩子的这种表现正体现了孩子想自己独立行事的愿望，这种愿望值得我们爱护。面对孩子自我意识的觉醒，父母不要与之正面对抗，更不要训斥他，而要充分爱护孩子想自己做事的积极性并巧妙应对，原则就是只要不危险，就放手让孩子去尝试，允许孩子试错，没有谁不经试错就取得成功，危险的事可以在父母的帮助、指导下尝试，引导他向困难挑战，成功之后及时表扬："瞧，我家宝宝真能干，自己一个人都会吃饭了！"这样孩子做事的热情就会更加高涨。越小的孩子越要注重对其正确行为的培养。抱着宽松的心态来对待孩子，用赏识的态度尊重孩子，用持续的耐心来帮助引导孩子，促进孩子个性的健康发展。

3. 尊重孩子的选择

人们常常容易被表面的现象所迷惑，看见别人从事某方面工作收入高，于是便盲目跟风。实际上，对别人合适的东西，对自己未必适用。犹如穿鞋，再昂贵的鞋子如果不合脚，那也要舍得丢弃。教育的全部奥秘在于爱护和发展个性。通过教育，帮助孩子找到他们在生活和职业上最合适的位置，让他们将自己的个性和潜能发挥到极致，获得生命的乐趣。

许多家长认为：孩子想学什么我就给他报什么班，不想学的就退掉，还不够尊重他吗？其实，尊重孩子的选择，并非仅仅尊重做出选择的那一瞬间，而是要在他选择错误或者追求目标过程中遭遇挫败的时候，帮他体会学习本身的快乐，而非在意一时成败；在他想要坚持的时候，给他恰当有力的支持；在他决定放弃的时候，教他勇敢面对放弃的后果，并且鼓励他重新做出更合适的选择。在家庭与社会生活中，尊重的反面往往不是羞辱，而是忽视具体的人的具体情况，对自己孩子抱有不切实际的期待，缺乏自己的生活重心，对孩子过度关注和保护。

因此，尊重的基础就是承认差异与规律的存在，然后陪伴对方在属于他自己的道路上前行。此外，尊重是一种相互支持的关系，而不是一方对另一方的谨小慎微、精心呵护。家长在尊重孩子的同时，也要为孩子树立起相互尊重、充分自尊的榜样。

最后，作为家长，我们需要重新定义孩子成功的内涵。无论孩子是名校学子、奥运冠军、明星顶流、企业高管、商界大佬、技术人才还是普通素人，首先应成为健康、快乐、勇敢、自足的人，成为对社会和家庭有贡献的人。这样的人就值得尊重，他们就是成功之人，这就是教育关于成功的最大"秘诀"。

第四章

学习

——用认知心理学提升孩子的学习力

记得笔者小学时曾有一个同学做了一首打油诗：望子成龙心急切，不学无术变成蛇；殚竭心力终为子，可怜天下父母心。诗的大意大家都应该明白，其实反映的就是普遍存在的教育焦虑，就是每一位父母都希望自己的孩子拥有广博的学识，成为精英人才。于是，从孩子3岁起，"学习"就被列为孩子家庭教育内容之首，家长们也会付出大量的物力、财力、精力来培养孩子，但大多不能如愿。尤其随着孩子渐渐长大，各式各样的学习问题浮出水面：注意力不集中、马虎、写作业拖拉、自控力差、学习力差等。为了解决这些问题，家长软硬兼施、喊破喉咙、抓破头，但感觉收效甚微，到底是孩子天赋有限，还是师资水平不够，抑或家长教育方法失误？其实，孩子学习问题的根本原因在于，孩子学习力的不足导致学习内驱力的缺失。我们家长唯有在认知心理学指导下，用科学方法不断提升孩子的学习力，让孩子感受到学习力提升带来的成就感，才能更进一步提升孩子的学习内驱力。

一 认知与认知心理学

　　什么是认知？认知就是我们获得知识以及应用知识的方法，也是我们看待事物的视角和思考事物的思维方式。人与人之间的认知区别是非常大的。

认知心理学，是理解人心理活动方式的基础科学，其主要研究内容为考证人类认知、记忆以及思考的方式。简而言之，就是我们学习的理论和方法。学习认知心理学，有利于提升孩子的学习力，提高孩子的学习效率。

大脑是怎么工作的呢？我们每个人都有遍布全身的神经感知系统，它大概分为三类：第一类是我们的视觉神经和眼睛；第二类是我们的听觉神经和耳朵；第三类就是遍布我们全身的感觉神经。人主要是由这三大神经系统来感知认识世界的，当神经元感知认识到这个世界以后，将信息通过神经系统传到我们的大脑里面，在大脑当中有分别处理视觉、听觉、触觉这三个信息的专门区域，处理完后，根据我们要达成的目标，再转化成下一步的行动，总共有接收、保持、分析、输出、实施这五个步骤。

人出生以后，大脑当中会有 150 万亿个神经元，这些神经元会不断地进行细分，细分的神经元叫轴突，轴突与轴突之间接触的地方叫树突。连接树突和大脑中其他所有区域的是基底神经节。基底神经节是连接大脑中各个功能区和神经系统的信息中转驿站，也是加工分析的工作区域。全身的神经感知系统、体内的神经系统、人的大脑一起工作，指挥着身体的所有行为。现代的人工智能就是通过模仿人体大脑的工作方式去完成各项任务的，人工智能是没有感情的，这是人脑与人工智能最重要的区别。学习认知心理学，可以了解孩子的元认知，提升学习力，帮助孩子快速而又科学地学习。

二 关于学习力

学习力也叫认知力，是大脑对事物基本规律的把握能力，也就是大脑认识世界的能力。它包括对新事物的反应力、注意力、空间认知能力、记忆力、情绪能力、思维力六大核心能力（见图4-1）。

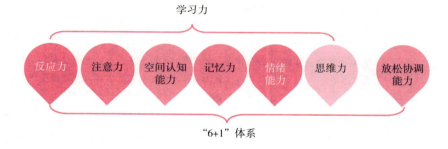

图4-1 学习力的构成

资料来源：笔者根据相关资料自行整理。

当孩子学习力缺乏的时候，会有以下表现（见表4-1）。

表4-1 缺乏学习力的表现

学习力类型	学习力不足的特点	学习力不足的典型表现
反应力	反应迟钝、灵活性差	写作业速度慢、学习效率低、过量的重复操作、视听力训练容易错过关键词、答题思路混乱、修改过多、卷面不整洁、急于抢答而因疏忽出现错误、特殊情景语无伦次、出行忽视警示牌、迷路

学习力类型	学习力不足的特点	学习力不足的典型表现
注意力	走神、学习效率低下、难以集中精神	反复读题、写作业速度慢、学习效率低、长时间对比相似条件与相似答案、接收部分条件后急于做题、误把外表最长或最难的词句当作核心词句、修改过多、卷面不整洁、遇到看似正确的选项就选择而错过更优的答案
空间认知能力	缺乏空间定向力，组织性差、条理性差	同类型题一对一错、相同知识点难以变通、较多重复操作却效果一般、容易被干扰选项误导、错别字较多、分不清形近字、遇到相似但不同的理论知识容易混淆、容易迷失方向
记忆力	健忘、粗心、马虎、丢三落四	卷子写不完、默写容易断片或默写错误、做题记错条件、抄写错误、阅读理解记错前文重要词句、总是翻阅前文内容或反复读条件才开始解题、事件复述或诗文默写吃力甚至无法完成
情绪能力	情绪控制困难、易激惹，不能妥善处理自身情绪	容易产生厌学情绪；缺乏自信、性格孤僻、胆小自闭；脾气一点就炸，做事急躁，无法与家长、老师、同学正常交流；多愁善感、遇到一点挫折就一蹶不振、抗压能力弱；与他人交流反应迟钝，常常误会同学言语与行为，交不到朋友；固执自负，难以接受他人的建议；缺乏创造力
思维力	思维单一、创造性差、缺乏想象力	写作业速度慢、解决问题的思路混乱、类比能力差、不会举一反三、无法解读隐藏条件、遇事无法发掘有效线索解决问题、对复杂条件或字数较多的数学题或阅读题有理解障碍、做课外作业或社会实践过程中遇到困难时，较难形成高效的策略

提升孩子自主学习力的有效方法

　　古今中外，没有哪一代父母像我们这一代这么难。"孩子童年的快乐重要，还是考试成绩重要？要孩子素质教育还是熬夜刷题？要监督孩子学习还是放松自己？"大多数父母每天都在这三个"天问"中撕扯、焦虑。如果说这个世界什么技能都能培训，都能通过专项培训获得上岗资格（如护士资格证、驾驶证等）的话，那么有一件事是我们不经培训就必须上岗完成的，就是做"父母"，这是一项复杂而系统的工程，但我们却找不到任何受训之地，尤其是教育内卷越发加剧的今天，究竟怎么来管孩子的学习，这是当前摆在每一位家长面前的问题，很多父母不是对学习没有认知，而是有很多错误的认知。要培养孩子的自主学习力，让孩子的学习驱动来自内在，让孩子发自内心感受到"我爱学习，学习让我快乐"，而不是"学习让我妈快乐"。具备自主学习力的孩子，父母才能得到解放，因为时间和情绪投入逐渐减少，父母越来越轻松，孩子学习的积极性却不断提升，成绩也会越来越好。

（一）学习兴趣带来内驱力

　　孩子主动学习的内驱力往往来自对学习的兴趣，兴趣才能使人走得长远，兴趣才能使孩子持之以恒，兴趣才能使孩子苦中作乐。

但是兴趣不等同于好玩，对低年龄段孩子来说，兴趣来自好玩有趣，对年龄较大的孩子来说，兴趣来自成就感和方向感。培养孩子的学习兴趣，首先应该从制定一个好目标开始。

1. 千里之行，始于目标

一说到学习目标，相信很多家长有话要说，短期目标是期末考试，中期目标是小升初或中考，长期目标是高考，甚至在网上还流传着一张照片，其内容是某婴儿距离高考还有 6414 天。这虽为玩笑，但是高考带给每一个家庭的压力也是显而易见的。

2. 制定好目标

那么我们做事情是喜欢目标还是讨厌目标？有人喜欢目标，因为方向清晰，一旦实现就很有成就感，有人讨厌目标，因为目标意味着压力，有人不相信目标，因为职场中很多公司、单位都在定目标，但没有人会当真。那么，没有目标，追求轻松、享乐、自在的生活，和有明确目标，追求目标、使命、价值，哪种生活让我们更快乐？美国斯坦福大学心理学教授麦格尼格尔给出了研究结论：那些追求意义和使命的人生，远比追求轻松享乐、逃避压力的人生更加幸福和快乐。笔者曾多次在课堂询问学生喜欢玩游戏的原因，很多学生给出了成就感这个答案。其实孩子玩游戏也经常输，只有极少时候才会成功，为什么仍乐此不疲呢？而我们给孩子制定好学习任务或学习时间安排表，孩子行动力却很差呢？真实的原因就是任务背后没有目标。只有当孩子认可、期待这样的学习目标，他才会对学习任务安排表产生认同。孩子喜欢玩游戏，在游戏中不怕输，是因为游戏精心设计了目标；孩子讨厌学习，听到学习任务就烦，是因为我们设定的学习目标出了问题。

什么样的目标才是好目标？好目标应该符合以下五点要求（简称SMART 原则）：

（1）明确具体，具有可操作性（Specific）。

如"努力提升英语成绩"这个目标就不够具体，"期末考试英语成绩不低于 80 分"这个目标就是明确具体的。

（2）有定量、可衡量（Measurable）。

同样是英语学习目标，"增加阅读量、培养语感"这样的目标就比较空洞虚无，没有办法衡量，"每周读 2 本英语读物"就很好衡量了。

（3）可实现（Achievable）。

一个适宜的目标，是根据孩子的具体情况做出来的，难度系数应设置为孩子通过努努力、垫垫脚就可以实现的，不宜太难或者太简单。例如，对一个中等水平的孩子来说，要求两周内完成暑假作业，那肯定是要求太高，孩子做不到，很多家长会认为宽延两周也可以，但这会让孩子养成不遵守约定、不尊重目标的习惯，觉得目标很"水"，是可以讲条件、有弹性的，本质上也是对孩子尊重目标习惯养成的一种破坏。

（4）有价值（Relevant）。

一定要帮助孩子理解目标的价值和意义，例如给孩子定的目标是每天陪爷爷奶奶在小区遛弯两圈，可是陪爷爷奶奶每天在小区走两圈有什么价值和实际意义呢？如果孩子不明白、不认可，孩子就觉得这是个苦差事，没有行动力和坚持性。只有让孩子明白目标的意义和价值，才能形成自发的行动力。

（5）有时限（Time-bound）。

没有规定目标完成的时限，准确来说就不能称之为目标，叫"美好的愿望"更合适。如"每天练习立定跳远"就没有体现时限，孩子做起来感觉就是一场无期徒刑，如果修改成"一个月内，每天练习10个立定跳远，直到立定跳远距离能达中考标准"，这样的目标就合格了。注意，年龄越小的孩子，目标时限越短越好，尤其是几岁的孩子，目标最长时限最好以星期为单位。

3. 与孩子共同协商目标、接受目标

我们在家庭教育实践中经常发现，在家长给孩子确定目标时，孩子答应得挺好，可真到学习时孩子就不催不动，催了也不动，家长以为是孩子讨厌定目标，其实孩子只是讨厌强加给他的目标。

在和孩子一起定学习目标、接受学习目标这个环节，家长容易出现的认知误区主要表现在三个方面：

（1）听之任之。

关于学习目标，有些父母完全交给孩子，听孩子的意见，让孩子由着自己的喜好来，美其名曰尊重孩子，其实是不负责任。幼儿园、小学阶段的孩子受认知能力所限，完全不能定出合理目标，家长交给孩子，实际是放弃父母责任。

（2）强加给孩子。

家长一厢情愿制定学习目标，基本不给孩子商量的余地和拒绝的权力，孩子明确表示不接受目标时，家长不是协商修改，而是想方设法说服，或金钱物质诱惑，或威逼利诱，或卖惨诉苦，不达目的誓不罢休，用尽手段要求孩子接受目标。

（3）只看结果。

看重结果，学习目标非常功利，孩子学数学，要求考到多少分，孩子学钢琴，要求学到几级，而忽略了学习的本质是让孩子变得更好、更有素质。

因此，要让所制定的目标发挥效用，在定目标前做好和孩子的沟通就很重要，这样才能让孩子产生自主学习性。沟通时要注意以下三点：

（1）激发孩子的自主性。

要让孩子感觉到目标是"我选择"的，一旦让孩子对目标的难度、时限、实现方法等有了选择权，孩子就会对目标更认同。自主性的本质是对孩子的尊重，就好像公司制定年度目标，你是希望老板直接把今年任务目标甩给你，还是希望老板和你商量后共同确定今年的目标任务？相信作为一名成年人，都会感觉老板的第一种做法会很伤害你的自尊。孩子也是如此，但我们在给孩子确定学习目标时往往会忽略这一点。当然，"自主性"不意味着完全放手让孩子自己制定目标，趋利避害是每一个孩子的本能，完全把目标的制定权交给孩子，我们会发现孩子往往把目标定在自己的"舒适区"，以现有能力不费力气就能完成。我们要抛出自己的想法和孩子碰撞，鼓励孩子和自己讨论目标，甚至允许孩子讨价还价，这样共同确定出学习目标，这样的目标往往也是孩子发自内心认可的，孩子在完成目标的过程中也会表现出较好的执行力和坚持性。

（2）孩子能够产生对目标的胜任感。

让孩子面对目标产生"我还行"的胜任感很重要，产生胜任感的关键在于目标难度的把控。好多父母会给孩子制定很多自认为不难的学习目标，结果回头一看孩子已经抗拒了、恐慌了，缺乏自信，准备逃跑了。这些父母的病根在于忽略了学习的主体是孩子而不是我们成人，目标难不难的决定权不是我们而是孩子，孩子的想法和感受才最重要。

美国密歇根大学商学院的诺尔·迪奇教授提出一个关于舒适区、学习区和恐慌区的理论（见图4-2）。在舒适区里，人们干的是自己最熟悉的事。在这里，人们只能进行知识和技能熟练度的加强。我们很多人做事就永远停留在这一层，所以别说10000个小时，就算后面再加个0也是无济于事，因为熟练度很快就会到达天花板，到了一定程度后，再增加时间也很难提升。在恐慌区里，人们要干的不是不擅长的事，而是根本不理解的事。这里的知识和技能超出自己能力边界太多，基本无论如何努力，都难以一窥门径。在这个区域中，人们会焦虑、恐惧、不堪重负，这也不是有效的学习和提升区域。只有学习区里的知识和技能是我们都能懂但不太懂的，属于那种跳一跳能够到的高度，充满了挑战。在这里，我们可以通过扩展边界来得到最大限度的成长，这才是学习和提升的有效区。所以，我们只要把学习目标锁定在学习区，孩子就会有胜任感。

图4-2　诺尔·迪奇的学习三区理论

资料来源：笔者根据相关资料自行整理。

（3）实现价值感。

让孩子通过实现目标感觉"我有用"。注意这里的"有用"不是长远的目标、宏大的人生，而是和孩子讨论目标实现后对他人（尤其是家人）会有什么帮助（满足他人需要）或者是否会增进和某人的关系（产生关系链接）。例如，邻居家孩子学跆拳道三年了，每一次上课都表现得很积极也很期待，笔者仔细了解了一下，原来孩子的爷爷每隔几个月来孩子家做客，都要孩子教他新学的招式，孩子很喜欢这种做小老师的感受，"教爷爷学跆拳道"这件事不但增进了爷孙感情，还让孩子觉得"我有用"。

归纳一下，有效激发孩子学习的自主性，从制定一个符合SMART原则的目标开始，注意保持和孩子对目标的及时沟通，从而确保最终确定的目标能让孩子感受到"我选择、我能行、我有用"的自主性、胜任感和价值感。

（二）注重反馈

什么叫反馈？通俗点说就是孩子做了一件事、产生了一些结果，之后家长对孩子说的话、做的事都叫反馈。教育孩子是一项伟大的系统工程，在教育过程中，大多数孩子会遇到各种各样的问题，这就需要家长花时间和耐心去观察修正孩子的行为，引导孩子成长，这也是父母把一个懵懂无知、天真烂漫的孩子变成一个敢于独立面对这个世界的人的过程。虽然最终期望的结果是一样的，但不同的家长却选择了不同的教育路径和反馈模式，而不同的教育路径和反馈模式又会导致不同的教育后果。面对孩子的问题，有的家长大声批评、讽刺打压，有的则积极鼓励、耐心教导；面对学业困局，有的家长出手阔绰、奖金与奖品齐飞，有的家长发掘优点、积极肯定，我们发现父母对孩子问题采取不同的反馈方式给孩子带来的影响力是大相径庭的，就像有人说的那样，如果我们把孩子的大脑比作雕塑，那么父母的反馈方式就是斧和凿。

1. 错误的反馈模式会导致孩子行为动机的转移

一位母亲为了让自己 7 岁的孩子接受自己制定的学习目标，提出每达成一次目标就可以获得相应积分，累计积分就可以兑换礼物，但孩子父亲坚决反对，认为完成学习任务是孩子自己分内的事，分内的事就不应该获得奖励。那么，这对父母的观点谁的是正确的呢？其实这对父母都是正确的，妈妈重视反馈对孩子行为的激励作用本身没有错，尽管用挣取积分换取物质奖励的反馈模式是一种外部强化手段。而爸爸则一针见血地指出做好分内之事是本分，不应该采用外部反馈模式削弱孩子的学习动机，甚至让孩子的学习动机发生偏移。那么，什么样的反馈模式才是最有利于孩子成长的方式呢？对孩子长远发展最有利的反馈模式就是让孩子获得完成目标的成就感。孩子完成目标后收获了成就感，你就可以看到孩子眼中因为自豪感而闪烁的小星星，如果你在孩子眼中看到的是疲惫或对奖赏的渴望，那说明我们的激励模式出了问题。奖励或惩罚在孩子的教育中可以有，但不应该成为与孩子沟通目标时的重点内容，不应该成为孩子是否愿意追求目标的主要动力，否则就是本末倒置，会导致孩子学习动机的转移。例如，美国一所小学为了鼓励孩子阅读，规定孩子们只要完成每周阅读任务就可以得到一块巧克力。一位学生的父亲凑巧是行为经济学家，得知这件事后迅速去找校长，建议说千万不能这样设计反馈模式，这只会激励出一群讨厌阅读的胖子，而且这样做会让孩子们误以为巧克力是这个世界最好的东西，值得为它努力，而阅读成了为得到巧克力而不得不忍耐的苦活。这就是奖励带来的"动机转移"，本来孩子阅读是为了享受阅读本身带来的快乐，结果却因为糟糕的反馈模式变成了为得到巧克力奖励而忍受阅读。错误的反馈模式让很多家庭每天都在上演着类似悲剧。

那么我们应该怎么设计反馈模式来避免孩子行为动机的转移呢？做好三点：第一，用事情本身完成带来的成就感代替外在的奖励，例如孩子考上心仪的学校、读到喜欢的专业；第二，让目标完成后的奖励和目标本身是同类，如给完成阅读目标的孩子奖励图书或和全班同学分享读书体会的荣誉；第三，围绕关系而不是物质来奖励，如孩子完成当天的学习任务可以和爸爸一起读绘本。

2. 错误的反馈模式会损害孩子的自主性

例1：奶奶嫌弃孩子吃饭慢、边吃边玩，干脆自己上手喂。

例2：兄妹玩耍闹矛盾，互相指责、推搡，妈妈远远看到，急忙过来处理，替孩子裁判解决，久而久之，孩子们一有问题就来告状，而不是尝试自我解决。

例3：妈妈和孩子商量的阅读目标最初是每天读两篇英语短文，孩子乐在其中，妈妈看到孩子完成得很轻松，要求增加到三篇，并要求大声朗读，很快，妈妈发现孩子一篇都不肯读了。

上述三个例子中父母的做法明显在损害孩子的自主性。那么作为父母面对此情此景，我们应该怎么做呢？聪明的父母要培养孩子的自主性，最好的办法就是尝试延长沉默的时间，减少强行插手。每当我们觉得孩子需要帮助或指导时，先忍住，想想我们要说的话会给孩子带来什么影响，再想想不说会怎么样，衡量后，才决定是开口反馈还是顺其自然。

3. 反馈会影响孩子的思维模式

孩子的思维方式是从小时候开始形成的，是被父母一次次反馈塑造出来的，无论这种反馈是积极的（如表扬、肯定、奖励等）还是消极的（如批评、否定、惩罚等），都会影响孩子的思维方式。例如，一个刚上一年级的小朋友放学回家说："妈妈，今天我们考试了，有个题目我不会，抄了同桌的，老师给判对了。"这是孩子第一次作弊，试问你该怎么反馈？表扬、批评抑或沉默？如果你的反馈是表扬，孩子知道父母是认可这件事的，那么将来遇到不会的题时就会如法炮制；如果你的反馈是批评，他就知道这是一个错误的行为，以后会积极改正；如果家长的反馈是沉默，孩子就知道你不在乎这件事情，以后会为所欲为。

在过去的传统家庭教育中，父母对孩子的批评多于表扬，往往忽略孩子感受，甚至随意把自己的负面情绪发泄到孩子身上，现在我们一些家长吸取传统家庭教育的教训，注重孩子感受，对孩子多表扬、多鼓励、少批评，这样做效果如何呢？从大量案例反馈结果来看，效果也不尽如人意。一位妈妈鼓励孩子参加小学生英语大赛，为了激励孩子，跟孩子说："你是最棒的！"结果孩子当着大家的面直接怼回来："你别老是跟我说我很棒，烦死了，我知道我一点都不棒！"不表扬不对，表扬多了也不对，问题出在哪里呢？其实反馈方式正确与否，重点不在于表扬更多还是批评更多，而在于表扬或批评的内容是偏重于对人的评价、对结果的关注，还是对孩子行为过程的关注，要帮助孩子建立正确的思维模式必须用关注孩子行为过程的反馈方式。

关于这一观点美国斯坦福大学的卡罗尔·德韦克教授设计了一个著名的心理学实验，有力地加以了证明：在纽约的一所小学，老师们安排几十个孩子分成两组玩拼图游戏。第一轮拼图很简单，两组孩子很快就完成了，老师给出了不同的反馈，第一组孩子被夸"你们真聪明"，第二组孩子则被夸"你们真用心、真努力"。第二轮拼图前，老师请孩子们自己选择游戏难度，结果，被夸聪明的第一组孩子大都选择了容易的拼图，而被夸努力的孩子更愿意尝试难度高的拼图。第三轮拼图，老师给两组孩子的都是难度极高的拼图，两组孩子都没完成，但两组孩子面对挫折的态度却相差很大，第一组被夸聪明的孩子更容易放弃而且更沮丧，第二组孩子面对失败表现得更积极、更愿意不断尝试新的拼图方法。卡罗尔·德韦克教授设计的这个实验揭示了人类思维模式的秘密——"成长型思维"和"固定型思维"，不同的思维模式对一个人的影响意义深远，认知心理学家罗伯特·斯滕伯格甚至评论说仅仅知道这两种思维方式的区别就可以改变人的一生，卡罗尔·德韦克的研究结果被美国教育界广泛接受并被迅速推广应用。

如果孩子在成长过程中得到的反馈主要是对结果或对人的评价，孩子会慢慢形成"固定型思维"，如果孩子得到的反馈主要来自行为过程，则会塑造出"成长型思维"，两种截然不同的思维方式会深刻影响人的一生，使得他们在面对挫折、挑战、困难时会做出不同的选择，具有固定型思维的人更容易逃避和放弃，把精力放在指责他人和自责上，具有成长型思维的人相信任何问题都可以通过学习和努力来改变，从来不停止改进和尝试。人的思维方式是何时形成的？答案是青少年时期影响最大。人的思维方式是怎么形成的呢？答案是主要靠父母和老师的反馈塑造而形成。对固定型思维的孩子来说，为了保证得到好的结果，他总是挑最有把握的事情去做，挑简单没有挑战难度的任务去完成，从而获得表扬。如果遇到困难，这类孩子往往倾向于放弃，如果遇到争执，就会倾向于退出。

如何培养出具有成长型思维的孩子呢？如果我们将孩子的大脑比作雕塑，那么我们与孩子互动的语言就是能对大脑发挥塑造作用的斧子和凿子。所以，与孩子互动这是一件作为家长必须重视的大事，不可不察。每当你意识到你对孩子想说的话是对结果的反馈时，请让自己保持微笑，停顿几秒钟，然后重新快速加工、组织语言，把脱口而出的对结果反馈的话语转变成对过程的反馈。下面笔者分批评和表扬两种情况来给大家示范塑造成长型思维和固定型思维的两种不同语言范式，帮助大家避开塑造固定型思维的错误语言范式。

注意，表4-2中的最后一个例子，塑造成长型思维模式并没有使用表扬，而是告诫孩子挑选难度较大的题来让自己真正成长。当孩子做题时，如果发现孩子很快就做完了，而且全对，你应该意识到孩子是在做自己会做的题目，待在舒适区，没有成长，没有学到任何新东西，他的时间被浪费了。所以，在孩子学习过程中，过度关注孩子的正确率是一个错误的导向，因为正确率可以通过降低题目的难度来实现。如果想让孩子真正地成长，那就应降低对正确率的关注，关注孩子在错误中的成长，练习时要给孩子难度匹配的题目，既能发现孩子的错误，又能让孩子在错误中得到反思和训练，并实现最终的成长，这样孩子会学到一种思维模式：无论将来遇到什么失败和挫折，孩子都不会把犯错当作对自己的否定，而是看作促进成长的机会。所以，我们用这样的反馈告知孩子，太简单太容易的事情，以及没有挑战性的题目，不值得花太多时间重复去做，做好了也没有什么值得骄傲的。

表 4-2　积极的反馈塑造两种思维模式的语言范式

对人的评价或对结果进行反馈的语言范式——塑造"固定型思维"	对孩子行为过程进行反馈的语言范式——塑造"成长型思维"
你太聪明了！	你用了三种不同的方法来解答这道题，我很喜欢！
你真乖！	今天你主动把玩具和图书收拾好了，还整理了房间。
你跳得太好了，像舞蹈明星一样！	这半年来，妈妈看到你每天坚持练习 1 小时，付出了很多努力和汗水，我们在今天的表演中都看到了！
这篇作文写得太精彩了，我已经转发给我的朋友们了！	这篇文章能看到你对生活细致入微的观察、结构的巧妙设计、遣词造句的精心选择，你的努力没有白费！
哇，全对，满分，你真是个数学天才！	看来这些题目对你来说没有挑战性，我们再找些能让你的大脑真正发挥水平的题目吧！

当然，表 4-2、表 4-3 只是为大家提供了两种反馈的语言范式，家长们只要仔细体会两种反馈的区别，琢磨不同语言范式对孩子思

维模式的影响，就能找到适合自家孩子的正确反馈方式并加以应用。你会发现孩子的思维模式每天都在被我们的反馈塑造着，成长型思维模式就逐渐得以养成。

表4-3　消极的反馈塑造两种思维模式的语言范式

对人的评价或对结果进行反馈的语言范式——塑造"固定型思维"	对孩子行为过程进行反馈的语言范式——塑造"成长型思维"
你用点心好不好？怎么又失败了呢？	这个方法看来没有用，你觉得问题出在哪里？还有没有其他什么方法呢？
没关系，我知道你已经尽力了。	我们一起来看看最初制定的目标……确实没有实现目标，那么，你从中学会了什么呢？
你确实没有学习乐器的天赋！	现在双手弹是学习钢琴最难的部分，我们一起来分解练习，先分手弹，左右手都弹熟练了，我们再合在一起弹，好吗？试试看！
你怎么这么不听话呢？	你做了一个选择，这是个不好的选择，但是这个选择是你自己做出来的，现在想想你还有什么不同的做法？

附反馈话术参考模板：

话术1. 我发现你在××方面取得了明显的进步，这与你在这方面的每天的练习分不开！

话术2. 作为父母，我们很佩服你在××方面付出的努力，虽然坚持下来很难，但你没有放弃。

话术3. 如果换一个做法会怎么样？结果会有改变吗？

话术4. 你的想法有一点很有新意，是……

话术5. 刚才你说的三点都很好，如果增加一点，可能会更好！

话术6. 我很喜欢你尝试的这个方法，我以后也可以这么试一试。

话术 7. 我也遇到过人生特别困难的时候，后来我做了哪些努力/做了哪些改变/尝试了哪些新方法/寻求了哪些帮助……

话术 8. 我发现你这次作文和上次比，有三处明显不同，能给我说说为什么吗？我想学习学习。

（三）设置适宜的难度，激发学习的内驱力

关于孩子的学习难度应该怎么设置才合理，才能激发孩子的学习内驱力，既能让孩子积极学习又不至于放弃或躺平，我想这个话题应该从两个层面来分析。

1. 从孩子自身的现状以及个性来确定难度

我们必须正视孩子的天性是有差异的，有的孩子积极进取，渴望挑战，有的孩子喜欢待在舒适圈，追求舒适安逸。以数学为例，同样小学五年级的孩子，有的孩子天赋好、起点高，可能要做到难度达到类似竞赛类的数学题才算挑战，有些孩子没有进行过数学竞赛的学习，数学考试难度稍微超纲，成绩就断崖式下滑，所以学习难度的设定是个性化的，是真正的因材施教的体现。总体来说，难度的设置应该基于孩子现状和水平，通过孩子自身努力不断练习，能实现突破，达成目标，这样的难度就是合理的。

2. 以孩子是否产生心流来确定难度

什么叫心流？就是这样一种状态，当难度适宜的时候，人会沉浸其中，尽力做一件事，时间不知不觉流失，人可能会感觉到有点累，但完全乐在其中，很有收获，完全不想停下。回忆一下我们自

己的生活，应该都经历过这种状态，你做题的时候、写文章的时候、工作的时候……

图4-3是一张被称为"心流之父"的心理学家米哈里·契克森米哈赖绘制的心流关系图。这张图告诉我们只有当人的技能与挑战刚好匹配时，才能很好地进入心流状态。当你做一件事时，如果你自身的技能水平很低，这件事挑战难度也很低，你会觉得无聊、无趣。例如让一个英语水平低的人跟读26个英语字母，他会觉得幼稚乏味。当你的技能大于你所面对的挑战时，你会很快感到厌倦，如让一个青春期少年读幼儿园小朋友的绘本或者看儿童动漫，他看一下就会离开，毫无兴致，这两种情况都不能让孩子产生心流。当孩子面对的挑战超出了孩子的能力时，孩子也可能因为力不从心而恐惧、焦虑、惊慌。我们面临的孩子拒绝学习的情况大多数就是这个原因，如让孩子做奥数试卷，很多孩子会很抗拒，其实就是难度超过孩子自身能力范畴，我们只有帮助孩子分析问题、解决问题，让孩子明白他的技能可以应对这个挑战，他才会积极迎战。所以，让孩子产

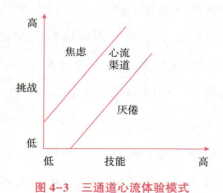

图4-3　三通道心流体验模式

资料来源：笔者根据相关资料自行整理。

生心流的最好状态就是孩子觉得难度适宜，孩子觉察到只要自己尽力就可以应对挑战就是最好状态。我们希望孩子的学习处于这种状态，那么首先需要我们充分了解孩子各科的真实技能水平，才能制定适宜的学习任务。从理论上来说，这件事情应该由老师做，但是大家都知道公立制学校师生比配备状况，所以实际这项工作家长来做更合适。

3. 短板科目怎么确定难度

在实际操作中，我们往往会面临这种困惑：对孩子学习能力有优势的科目，我们可以通过校外培训班增加学习难度，甚至可以让孩子参加竞赛培训，但是对于短板学习科目，我们难道单独降低要求来配合孩子的心流吗？这显然是不现实的，因为国家的考试标准不会因为某个孩子不擅长而发生改变。那么对于孩子的短板科目，既然不能简单降低要求，就需要我们将远大目标分解成阶段性的小目标，然后循序渐进地完成各个小目标，这样既增加了孩子实现目标的可能性，又增强了孩子的自信心。例如，一个特别怕写作文的二年级的孩子，作文练习目标如果定在"三天写一篇作文"显然是在心流的恐慌区，那么如果作文练习目标改成"一个星期写一篇"，他就能做到了吗？其实我们不难发现，害怕写作文的孩子的困难点并不是时间不够，所以即使将完成作文的时间由三天变成一周也不能解决这个目标实现的难点，他怕写作文是因为没有掌握写作文的方法，不知道怎么写作文，因此我们这个时候要做的是分解目标，那么合理的做法应该是：第一天让孩子收集作文素材，要求孩子将所有关于这篇作文的素材记录到卡片上；第二天串写作文草稿，将前一天记录到卡片上的所有作文素材内容调整顺序、组织连贯，使之成为草稿，无论这个草稿是以口头语言还是书面语言的方式呈现都可以；第三天完成作文，只需要把打好的草稿写在作文纸上就可以了。这样分解以后，孩子很容易就完成了三天的学习任务，最后三天就完成了一篇作文。

四　学习力提升有效方法

父母是孩子人生的第一任老师，在孩子学习力提升中，父母是基础。我们在咨询中会遇到这样一种情况：很多家长来咨询孩子的学习提升问题，但是在他们学习了诸多方法回家实践的时候都沮丧地发现孩子完全不配合，很抵触，例如："我想和孩子讨论一下学习目标，但他根本不听"；"孩子现在不像幼儿园那么快乐了，什么都不和我说"；"孩子抱怨我只在乎成绩，根本不在乎他"；等等。那问题出在哪里？我们又该怎么做？看来要让孩子改变，首先得让家长改变，成为孩子学习力提升的老师和教练。

（一）父母是孩子学习力提升的基础

马斯洛的需求层次理论告诉我们，学习属于人的需求的第四层次甚至第五层次，也就是属于尊重的需要或是自我价值实现的需要，属于需求层次中的"高层建筑"，属于精神需要，不属于基础的生理需要、安全需要或社交需要。而按照需要满足的规律一般是先物质、生理再心理、精神，所以家长让孩子提升学习力的事必须占用孩子大量游戏、玩乐、社交的时间，基础需要的满足常常要让位于学习，孩子对此产生抵触情绪其实是一种正常反应。例如，家长常常会因为陪孩子写作业、孩子成绩不理想而发脾气，会让孩子觉得父母的爱是有条件的爱，父母的爱完全取决于成绩，从而伤害他们的社交需求；再如，父母经常因为孩子成绩问题、学习问题给孩子很多指责和不满，孩子遇到问题时也会选择和学校老师站在一起，觉得家不是安全的地方，从而伤害他们的安全需求；父母规定不做完作业不能吃饭、不完成任务不能睡觉，从而伤害孩子的生理需求等。如果说孩子的学习力是孩子学习成绩的基础，那么父母的做法就是孩子学习力的基础。家长应积极倾听，成为孩子最喜欢的老师和教练。

　　表4-4是亲子关系健康度的测量表，各位家长可以测算一下，你和孩子处于哪个水平？你爱人和孩子又处于哪个水平？我们读书时应该都有这样的情绪体验，喜欢哪位老师就愿意为这位老师教授的学科下功夫，取得好的成绩，所有受学生欢迎的老师都是共通的：一定是对学生尊重、理解、善于倾听学生诉求的好老师。很多时候父母对孩子说的话和道理都是正确的，但是给孩子的感受却很糟糕，感觉父母老是在教育他，用现在通俗的话来说"爹味很重"，所以作为父母我们要学会倾听，正确的倾听已经使得交流成功率接近50%，让孩子感受到被尊重、被重视，我们才能被孩子当成最喜欢的老师和教练员，我们的言辞、道理才能入孩子脑、入孩子心，也才能被孩子接受和内化。

表4-4　亲子关系健康度

亲子关系健康度水平	亲密度	具体表现
LEVEL1	敌对	孩子从不主动和父母交流有关学习、朋友的事和他的感受；厌烦家长给的建议
LEVEL2	疏远	孩子和父母交流较少，父母问也会说，但态度有点敷衍；其他情况交流还好，但说到学习就容易发生冲突，家长对孩子的学习不满意
LEVEL3	普通	亲子关系整体还可以，但不如孩子上学前亲密；大多数时候家长的要求能被孩子执行，但执行时显得很被动
LEVEL4	紧密	家长和孩子交流顺畅，孩子对家长无话不说；孩子遇到大的事情时会主动征求家长的想法和建议

父母与孩子沟通时的注意事项主要有以下三点：

（1）明确孩子表达的真实意思，并产生共情。

与孩子沟通的难点就在于我们家长习惯了高高在上的说教者角色，难以克服以自我为中心的意识，往往对孩子的要求一知半解，或者自以为是地进行曲解，并按照自己想法加以处理，结果往往孩子不满意，产生抵触情绪，尤其是青春期的孩子觉得家长不理解他，甚至很容易出现过激反应。所以，亲子有效交流沟通的第一步是家长能正确理解孩子表达的含义，并采取正确的行动理解和支持。举例如下：

例1：孩子：妈妈，我不想上幼儿园了！

妈妈(千万别生气上火)：你是不喜欢现在这个幼儿园吗？

孩子：我想回到原来那个幼儿园。

妈妈(继续问)：你是想原来幼儿园的老师和小朋友了吗？

孩子：嗯。

例 2：孩子：妈妈，我不想写作文。

妈妈：你是觉得写作文没有思路吗？

孩子：不是，很多字我不会写。

妈妈：那妈妈在你写作文的时候在边上读书陪着你，你随时可以问我，怎么样？

孩子：太好了。

（2）认可孩子的言行。

许多心理咨询师吐槽：有些孩子尽力奔跑，只为获得父母的一句表扬和认可，这明明是让孩子开心的既不花钱又不费力的方式，为什么家长做起来那么难？那就是作为父母我们已经习惯了扮演高高在上的教育者角色，我们不习惯低下身子来和孩子做朋友。所以，在日常交流中善于发现孩子各种各样要求中合理的部分并加以认可对建立亲密关系就很重要。孩子在和父母沟通中表达出的观点和想法，父母反应不外乎三种情况：第一种是完全同意孩子的说法；第二种是部分同意，部分不同意；第三种是意见相反，完全不同意。但是，问题出在哪里呢？那就是我们家长的表达方式出了问题。例如，意见一致，家长一般说"好的"或"是的"，没有进一步的阐释和行动跟进，孩子会觉得你是在敷衍他；意见部分一致，家长一般会说"但是……"，没有表达认可相同的部分，就直接表达不一致的部分，孩子会觉得你和他的意见是对立的；意见相反，家长会说"你这样不对/不行/是错误的/"，孩子感受到的是被完全否定，不仅想法被否定，而且动机、思路、感受统统都被否定。孩子当然就会 emo（网络流行语：有"丧""忧郁""伤感"等多重含义）了，久而久之，亲子关系受伤那也是必然的。我们究竟应该怎么表达自己的意见呢？总体原则是：在每次听到孩子表达他的想法或观点时，都努力找出其中你同意的部分，先说出来，并肯定和表扬，即使孩子的想法你不认可，你也可以表达对孩子的动机、感受的认可等。具体操作方法：

1）意见一致，要用行动或语言表示支持。例如，孩子说班上有位外地同学暑期要和他一起参加竞赛考试，因而想来家里借住两天，立马答应，马上收拾客房，让孩子感觉到受重视。

2）意见部分一致，先说出同意的部分，再说不同意的部分。例如，孩子吐槽这次数学考试很难，家长问孩子哪几道题很难？孩子说应用题很难，家长告知孩子，自己发现第三题确实比较难（认可孩子观点），"待会儿我们一起想办法把它做出来，但是前面两道题不是很难，你应该是紧张了，一会儿我们再做做，看行不行？"

3）意见相反，先尽力认可孩子的感受/认可孩子的权利/认可孩子的动机，然后再表达你的意见。例如，仍然以孩子觉得这次数学测试应用题很难来举例，"孩子，你做这几道题时是感觉挺难的，因为这几道类似题型的题你还是很早的时候练习过的，这样，我们再做几道题巩固巩固，怎么样？"

从小在家里感受到被认可、被重视的孩子，一生都会被童年治愈；从小缺乏认可和尊重的孩子，要用一生去治愈童年的创伤。

（3）家长要学会自我表露，引导孩子深入交流。

曾几何时，我们发现小时候曾无话不谈的孩子的言语越来越少，交流时总是围绕最基本的生活需求。

情景对话案例：

爸爸：作业做完了吗？

孩子：做完了。

爸爸：快期中考试了吧？

孩子：嗯。

爸爸：快考试了，你不要老是玩游戏了。

孩子：知道了！

到了青春期，孩子和你交流的意愿越来越少，为了让孩子打开自己的心门，我们作为家长要首先表露自己，用你的信息换来孩子的信息，你的情绪换来孩子的情绪，这样来促使孩子和你深层次地交流。

情景对话案例：

妈妈：今天在学校怎么样？开心吗？

孩子：一般般。

妈妈：我今天挺开心，做成了一件老早就想做的事。

孩子：什么事呀？

妈妈：我评上副教授了，等你爸爸回来我们一家出去庆祝一下。

孩子：祝贺妈妈，我今天也挺开心的，我这次被评为希望之星了……

这不？孩子的话匣子不就打开了吗？所以，家长要成为孩子学习力提升的好教练、好老师，在孩子表达想法时，不要急着表达自己，先弄明白孩子的真实意思并确认，让孩子感受到被尊重，这样孩子才会回报尊重；在确认孩子的意见后，无论同意与否，我们都不要急着批评或建议，先认可，让孩子感受到被肯定，心灵被滋养，这样孩子自信开朗的性格才得以养成。在孩子的养育过程中，除了满足生理需求的陪伴和交流，更要有情感交融的深度对话和交流，我们要抛开传统父母高高在上的管理者姿态，要主动向孩子自我表露，分享自己的得失感悟和经历，这样才能促使孩子愿意讲出自己的经历、情绪和真实想法，孩子在遭遇挫折的时候才会先想到向你求助，尤其是在面临人生重要抉择的时候才会想到回家寻求你的帮助和引导。

做好这三点，我们成为提升孩子学习力的好老师、好教练就不是难事。

（二）学习力要素提升

1. 解决问题能力的提升

狭义的学习力就是学习能力，学习能力是在学习活动中形成和发展起来的，是学生运用科学的学习策略独立地获取信息、加工和利用信息，分析和解决实际问题的一种个性特征，其本质是指解决问题的能力，这是学习力要素中最重要的一环。上海市质协用户评价中心曾经对上海市3～15岁的孩子进行家庭现状的调查，调查结果显示：当儿童出现不当行为时，只有43%的家长选择理性面对，和孩子一起商量纠正办法，而45%的家长会在情绪冲动下选择惩罚孩子，甚至责骂和体罚孩子。可见，现在很多家庭教育中，当孩子遇到"问题"时，仍有大多数家长考虑的不是如何帮助儿童解决"问题"，而是想着怎样去解决儿童。在自己孩子与他人孩子发生矛盾冲突时，家长往往选择批评自己孩子，而不是教导孩子如何去化解矛盾、解决问题。如此管教下的孩子在面对问题时只会选择逃避，自然无法提升自身解决问题的能力。家长在面对儿童时要意识到，他们是正处在成长过程中的、身心发展并未完全成熟的、和成年人有差距的人，不能以成年人的标准去要求他们。儿童是存在个体差异性的，家长要学会蹲下身与孩子平视交流，帮助孩子在面对困难时学会自己解决问题，只有这样，孩子自我解决问题的能力才能得到提升。

2. 记忆力的提升

学习的本质是一种思维活动，而记忆力是思维能力的基础。什么是记忆力？心理学给了这样一个定义：记忆是人脑对过去经验的反映，包括识记、保持、再现三个基本环节。而记忆力的一个特点就是容易遗忘，因此孩子的记忆力需要有意识地培养，"博闻强记"是我们对孩子记忆的常见要求。那么，用什么有效方法可以帮助孩子"博闻强记"呢？

（1）愉快记忆法。

我们一定有这样一种体会，就是每当我们回忆过去经历的人和事时，会惊奇地发现，那些给我们带来愉悦体验的人和事往往历历在目，久久难忘，而那些痛苦的生活体验，往往遗忘率最高，心理学实验也支持了这一论点。有一个实验，实验者准备了三段文字，字数在 120 字左右。第一段文字是表扬孩子的内容，第二段文字是与孩子无关的内容，第三段文字是批评孩子的内容，然后在 6 天内，每天给孩子读一段文字，第 7 天检查孩子的记忆效果。结果发现，表扬孩子内容的文字，孩子记住了 80% 以上，批评孩子的那一段，孩子记住了 50% 左右，而与孩子无关的内容，孩子只记住了 22% 左右。通过此实验我们可以看出能够给孩子带来愉快体验的学习内容，孩子记忆效果更好。为了了解孩子的不同情绪状态对记忆的影响，心理学家又做了一个实验，让孩子在三种不同情绪状态下识记，第一种是心情愉快状态下，第二种是心情烦躁、伤心状态下，第三种是心情平淡、无所事事状态下，结果发现，在心情愉快状态下孩子记忆成绩在70%左右，在心情烦躁、伤心状态下孩子记忆成绩仅有20%左右，在心情平淡、无所事事状态下孩子记忆成绩在40%左右。所以，孩子在愉快状态下记忆能力最强，我们家长想要孩子"博闻强记"，一定要多为孩子营造愉快氛围，及时鼓励、赞扬孩子，这样记忆效果才会最好。

（2）缓冲法。

前面我们讲述了，只有当目标难度和孩子的技能水平匹配时，孩子的学习才会进入"心流"状态，物我两忘，全身心投入。把握住这段时间，孩子的记忆效果会事半功倍、效率飙升，如果错过这段时间或者目标难度较大，我们家长也要学会调整心态，不要急于求成地逼着孩子背诵学习。当孩子情绪低迷、精神抗拒学习的时候，如果无限期地延长孩子学习或者记忆背诵的时间，那么几乎等于无效学习，我们要给孩子一定的缓冲期，让孩子有一个自由呼吸的时间，尤其是针对记忆，不如把复杂的任务化整为零，把大块的时间切割为小块，集中注意力完成一个小目标，切割的小任务完成时间一般以10~15分钟为宜，这也刚好是6岁孩子有意注意力能保持的最佳时间，然后给孩子适当的休息、放松时间，之后再继续下一个目标任务的学习。

（3）联想记忆法。

这是针对记忆散乱、毫无规律的词汇的最佳方法，其要点就是把散乱的知识点串在一起，往往采用编故事、儿歌、戏剧、顺口溜的方式。例如，让孩子记住这样一组毫无关联的词汇：飞机、大树、作业、项链、水桶、篮球、眼睛、星星。怎么记呢？我们可以编一段小故事：有一天，妈妈和儿子一起做了一架飞机去试飞，结果飞机飞到了大树上，下不来了，儿子拿着自己的作业、妈妈拿着自己的项链想要把飞机砸下来，结果都挂到了树枝上，这时爸爸拿着一个大大的水桶来到树下，用篮球把东西都砸了下来，爸爸正得意地展示自己的成果，结果篮球反弹正好砸到他头上，于是爸爸捂着眼睛说自己面前都是小星星。这个小故事编完后，一定要让孩子闭上眼睛想象一下那幅画面：做飞机、试飞、飞机挂树上、作业和项链也挂树上了、爸爸拿着大水桶、爸爸用篮球砸树上的东西、篮球砸爸爸、爸爸眼前的小星星……充分调动视觉、听觉来综合强化信息的存储。

（4）路线记忆法。

这是古罗马流传下来的一个记忆方法，也叫罗马房间记忆法。古罗马常有公开的演讲和辩论，演说者为了现场效果，常常需要脱稿讲几个小时，所以不仅要事先精心准备各种资料数据，而且要求记忆准确，重点要毫无遗漏、呈现顺序要正确。传说古罗马著名政治家、演说家西塞罗在演讲时为了帮助记忆，经常会巧用广场上的石柱，他先把演讲内容提炼成不同的要点，然后想象每根石柱代表一个要点，在演讲时当他从一根柱子走到另一根柱子，就意味着他从一个主题切换到了另一个主题。因此，路线记忆法非常适合强调先后逻辑顺序的记忆内容（赵周，2022）。家长在给孩子训练时可以利用自家的布局和物品摆放位置进行顺序设定，如笔者家确定的路线是：门—鞋柜—沙发—电视柜—书架—书桌，然后让孩子记住每样物品摆放的线路顺序，固定下来，之后每次接受记忆任务，只要将任务分解成各个要点，将要点跟这条路线上看到的各个物品一一匹配，在想象中充分熟悉就好了。这样的记忆方法，好玩有趣，孩子很容易接受，掌握起来难度不大，孩子非常受益。

（5）思维导图法。

这是针对一些长篇文章或者长篇课文记忆的有效方法之一。具体做法是把课文的内容用一幅幅图画画出来，注意这些图画是存在逻辑联系的，然后按照顺序去记忆。这种记忆法既能增加孩子记忆的条理性和逻辑性，又能通过图片记忆进一步刺激右脑记忆功能的充分开发。

总体来说，就天赋来说孩子们的记忆能力是相差不大的，当然少数天赋异禀的孩子不在讨论之列，只要给孩子用正确的记忆方法和学习方法加以科学的训练，孩子的记忆能力明显会超人一筹。一般来说，只要孩子不存在生理原因障碍，如果孩子记忆能力不理想，那一定是记忆方法出了问题，家长一定不要着急，更不能轻易打击、否定孩子，和孩子一起慢慢探索、实践，一定可以取得突破。

3. 注意力的培养

俄国著名教育家乌申斯基曾说："注意是我们心灵的唯一门户，意识中的一切，必然都要经过它才能进来。"注意力是指人的心理活动指向和集中于某种事物的能力，是伴随着感知觉、记忆、思维、想象等心理过程的一种共同的心理特征。注意力有两个基本特征：一是指向性，是指心理活动有选择地反映一些现象而离开其余对象；

二是集中性，是指心理活动停留在被选择对象上的强度或紧张度。指向性表现为对出现在同一时间的许多刺激的选择；集中性表现为对干扰刺激的抑制。注意的品质可概括为稳定性、广度、注意的分配、注意的转移四个方面。①稳定性，指孩子在一件事上，注意力持续时间的长短；②广度，以阅读中"一目十行"作比较，相当于在一定时间内，孩子的关注维度、获得信息量的大小、多少；③注意的分配，讲究孩子眼、耳、手、脑的配合，比如上课时，有的孩子看黑板、听课、做笔记，一气呵成，有的却不具备这种能力；④注意的转移，换言之，就是孩子能否"一秒进入状态"，比如从看电视到写作业，有的孩子磨蹭好久才能把注意力从电视剧转移到作业本上，有的却能以非常快的速度从休闲状态调整到学习状态。

众所周知，孩子有好的注意力品质，对于孩子增强学习能力、锻炼意志品质、提升自信心都非常有好处。可以说，注意力是否集中，将直接关系到孩子学习的进步和日后的工作发展。每位老师和家长都希望学生、孩子在学习和活动时能够注意力集中，从而取得更好的学习成绩，达到更优的活动效果，然而，"理想很丰满，现实很骨感"，现实生活中孩子注意力分散、做事磨蹭、学习效率低下屡见不鲜。

画面一：孩子在家做作业的时候，刚坐下来没一会儿，就去上厕所；回来没一会儿又要去喝水、吃东西；再回来没一会儿又去看看电视，摸摸电脑……总之，他东摸摸、西摸摸就是坐不住，很多陪学妈妈气得牙痒痒，说："懒牛懒马屎尿多。"

画面二：孩子在做作业的时候，妈妈陪坐在旁边，一会儿拍一下孩子脑袋，批评他怎么那么好动，一会儿打孩子手一下，说他注意力怎么那么不集中。孩子坐在那儿写作业，总是一脸的不情愿，身体总是懒洋洋地歪着，小嘴总是噘着，磨磨蹭蹭，每天晚上都睡得很晚。妈妈们跟别人诉苦，总是说：“哎呀，我整天忙死了，没有自由时间啊！没办法，孩子注意力水平太差，我得陪着他写作业，要不看着，他天天更不知道磨到什么时候呢！”

画面三： 课堂上，老师正在上课，窗外有只小鸟飞过，有片树叶落下，孩子思维立刻跟着飞到了窗外开始了无尽的遐想。老师提问：“圆明园是谁烧的？”孩子的思维不知道飞哪里了，听到自己的名字，本能地一激灵站起来，大声回答：“不是我烧的！”

那么，是什么造成孩子注意力不集中呢？原因大致分为两类，即外因和内因。外因包括家庭观念不合理、家庭作息不一致、家庭环境太杂乱等。内因包括生理原因——感知觉统合失调、多动症、大脑发育不良、大脑受损等；心理原因——习惯不良、压力过大、大脑功能不全等。

由于注意品质差，孩子在小学阶段容易产生学习障碍，因此家长和教师若发现孩子有注意力缺失的现象要及时予以重视、及时干预，这是对待孩子注意力缺失问题的正确态度。严重者可以求助一些大医院开设的心理门诊，排除生理原因，对症下药。从家庭教育来讲，家长要重视注意力缺失现象，积极采取措施，有的放矢地培养孩子的注意力。具体方法如下：

(1) 与孩子一起积极参与活动，并且不轻易打断孩子的活动。

例如，与孩子一起拼图、下棋、看书、摆积木……使孩子感到集中心思和精力能做许多有意义的事情。当孩子在做某件事时，即使是家长不感兴趣的事情，如玩泥沙，也不要去干扰他，坚持让孩子把事情做完。有时孩子正在写作业，妈妈一会儿过来问要不要喝饮料，一会儿又问要不要开空调，要不就走过来对孩子的作业指手画脚，使孩子很难集中注意力。

（2）注意培养孩子的非智力因素。

在日常生活中尽量促使孩子养成良好的学习和生活习惯，如规律作息、按时睡觉、按时学习。如笔者按照孩子身体发育的需要，帮助孩子养成四年级前晚上9点洗漱睡觉、四年级后晚上9点半洗漱睡觉的好习惯，养成每天晚上8点前完成学校作业、8点以后完成兴趣班作业的学习规律，帮助孩子养成放学回家放下书包就做作业不拖沓的学习习惯，并保持在整个学生阶段。

（3）增强孩子的耐挫能力。

当孩子能集中注意力完成任务时，要及时给予表扬，孩子没有及时完成任务，也不要轻易指责孩子甚至给孩子贴上不爱学习的标签，而是要和孩子一起耐心分析原因，找到解决办法，共同执行。

（4）对孩子开展注意力专项训练。

 专项训练1——手指操训练

手指操主要有三类：手数相联、打花巴掌和手指歌谣。

A. 手数相联。所谓手数相联，就是手指和数字建立起联系。每天在练习的过程中，可以带着孩子从1数到10，然后再从10数到1，在数的过程中，用手指准确表达出相应的数字。在此基础上，还可以进一步通过1到10的加减法、凑10法、乘法口诀等环节，强化手指操的难度和技巧。更高进阶的手指操还有听音标数、听音加减等。

B. 打花巴掌。通过打花巴掌的游戏练习，可让孩子变得更加心灵手巧，如图4-4所示。

图4-4　打花巴掌

C. 手指歌谣。手指歌谣有很多种，最常见的就是孩子们经常玩的"石头、剪子、布"配上歌谣开展的手指操（见图4-5），比较适合年龄相对小一些的孩子。通过这样的一种方式，可以让孩子通过手指的动作来促进大脑机能的进一步强化。

手指歌谣

剪刀石头布	剪刀石头布	一把剪刀一块石头	我是小白兔
剪刀石头布	剪刀石头布	一把剪刀一块布	抓住小白兔
剪刀石头布	剪刀石头布	一把剪刀两把剪刀	亲亲小白兔
剪刀石头布	剪刀石头布	一块石头两块石头	转动幸运兔
剪刀石头布	剪刀石头布	一块石头一块布	我是小蘑菇
剪刀石头布	剪刀石头布	一块布两块布	我是花猫不是兔
抓住小白兔			

图4-5　手指歌谣

在做手指操时要特别注意三点：第一点是姿势要到位，因为只有手部动作幅度足够大，才能对大脑的刺激发育起到一定的作用；第二点是要循环渐进，要遵循由易到难、循序渐进的学习规律，一套操做熟悉了再学习下一套操，这样也有助于增强孩子的自信心和成就感，同时让孩子保持新鲜感和好奇心；第三点是家长要支持鼓励，如果孩子在做手指操的过程中遇到困难出现了一些畏难情绪，这也是很正常的，家长一定要看到孩子的不易，对孩子进行引导、支持和鼓励，要做孩子有力的支持者。

 专项训练2——听觉训练

A. 听音辨物。家长筛选出 5 种家里常见的器物，如杯子、碗、盆、茶壶等。首先，与孩子一起进行声音辨别，将敲击器物的声音进行编码，如 1、2、3、4、5。其次，家长先后敲击两种器物，孩子背对家长，左右手同时伸出手指，代表自己判断的敲击器物的号码，左手代表第一声，右手代表第二声。进行几次训练后，孩子基本都能准确地分辨出声音对应的来源。这时家长可以进一步增加难度，比如多增加一件器物；要求孩子出示手指之前，将听到声音来源的编号分别"+1"，或者两数相加、相减、相乘等。

B. 拍打法。拍掌、打桌子，这是非常简单的方法。家长可以事先编排一个拍打节奏，让孩子通过拍打的声音，找出这个节奏，并进行"复述"。如图 4-6 所示，这段节奏拍打出来需要一定的时间，这就要求孩子全身心地专注于拍打的声音。通过几次训练，孩子可以很熟练地循着家长的节奏拍打出同样的声音，家长这时可以适当增加难度，比如：要求孩子持续循环地连续拍打；与孩子一同拍打，但是故意拍错，扰乱孩子的节奏，在考验孩子注意力的同时，锻炼其意志品质。

拍打拍打打拍打打打

打打打拍打打拍打拍

拍打拍拍打打拍拍打打打

打打打拍拍打打拍拍打拍

图 4-6　拍打法

C. 拍字法。家长和孩子约定，在一段话或者一个故事中，听到某个字，就要拍一次手掌。如"匹诺曹的'一'件事"，要求每当听到"一"时，就拍掌。这种方法非常实用，简单的"一"字也可以换成孩子刚学的生字、生词。经过几次训练之后，家长可以从某个字、词的"点"，向整个"面"迈进，让孩子试着复述这段话或者整个故事，并在孩子复述完以后，提问相关的一些细节，比如颜色、数量等。在选择故事时，家长尽量选择画面感、趣味性都很强的，这样更利于加深孩子的印象。

D. 数字传真法。读数字串，要求孩子数出其中十位数是 2 的数有几个。如家长念出以下数字（见图 4-7），读完后，要求孩子进行回答。家长还可以将数字换成字母或者词语。

352 62 829 23 742 892 23 524 239

432 572 894 34 25 982 542 26 89

724 56 32 87 986 235 45 765

982 35 73 28 267 24 15 36 4326

924 65 367 4389 2345 436 78

图 4-7　数字传真法

E. 一个都不能少。如家长给出"只有努力付出才能有所收获"这句话，然后将其进行拆分后读出，如"获只努出力能有付所收才"，让孩子比照原句，找出少了哪个字(上述拆分少了"有"字)。

F. 跟读法。家长可以打开故事机或者其他媒体设备，让孩子跟读故事。基本上，刚开始跟读时，很多孩子都能跟上，这就要求家长在时间上进行把控，比如要求孩子跟读一分钟、三分钟等。

4. 想象力的培养

所谓想象力是指对头脑中已有的表象进行加工改造、创造出新形象的过程。这里的表象指的是外界事物在头脑中存贮的形式。美国优秀教师、美国教育新闻网专栏作家艾伦·汉斯克维兹认为，想象力比知识更为重要，如果人类没有天马行空的想象力，也许今天我们还在荒蛮时代过着茹毛饮血的生活。想象力是智慧活动的翅膀，是创造活动的先导。现代化建设需要更多的富有想象力和创造力的新型人才。但我们也发现：孩子的想象能力远远高于成人。难道想象力会随着年龄的增加而递减吗？为什么年龄越大的孩子，想象力越贫乏呢？这是成长的必然结果，还是教育的失误呢？万丈高楼平地起，培养想象力也一定要从娃娃抓起，那么，如何培养孩子的想象力呢？

首先，鼓励幼儿敢于想象，家长和老师要善于倾听他们异想天开却不违背社会规范的想法，并给予赞赏。幼儿的很多想法在大人眼里总是那么不切实际，但也可以说充满了希望和奇迹，对此父母一定不要批评、干涉，而是试着站在他的角度倾听他的语言，理解他的内心世界，鼓励他把想象活动变得更具有现实意义。例如，笔者孩子2~3岁的时候最喜欢拿着水彩笔涂鸦，每次画完都兴致勃勃地告诉我她画的是什么故事内容，说实话，由于孩子受绘画技能所限，所画的图案和孩子想要表达的内容相去甚远，笔者怎么也看不出来这几根线条会是小蝌蚪和青蛙妈妈，但是笔者还是积极肯定地应和，爱护孩子的想象力和表达力。

其次，采取多种多样的想象力教育培养的措施。例如，让幼儿多接触大自然和社会，从而丰富他们的想象素材，创设丰富多彩的游戏活动等。

家庭教育中常见的培养想象力的方法有以下几种：

（1）游戏法。

通过做游戏可以很好地培养和发展孩子的想象力，但尽量鼓励孩子玩一些开放式游戏。例如，用盒子或毯子搭小房子，玩角色扮演游戏（孩子可以天马行空地扮演老师、医生、恐龙、小汽车……），玩过家家游戏，照顾小熊宝宝，带孩子出去散步……也可以去探索新的或孩子喜欢的游戏空间，比如橱柜、后院、公园、操场等，在那里扮演小猫，发现秘密空间，寻宝，打败恶龙……父母可以参与孩子没有固定结构的游戏，也可以不参与。有时家长需要做的就是给他指出正确的方向，提出玩什么，比如是玩地板上杂乱的服饰和玩具，还是把蜡笔和纸放在桌上玩。有时父母还可以成为游戏的主导者，比如："我们来玩装扮游戏好不好？你今天想当什么？"家长要做到的是不要随意打断孩子的游戏，例如：妈妈给孩子买了一套彩虹塔，孩子很喜欢，一个人在那里啃圈圈，啃一啃后又扔开，彩虹圈便在地上滚动起来，孩子看得很专注，于是又继续扔，这时妈妈连忙走过去制止孩子，并告知孩子"正确"的玩法："看，要把圈圈套在杆子上"……很多时候我们大人都会迫不及待地想要先教孩子怎么玩，其实谁又规定必须这么玩呢，只要在确保孩子足够安全的前提下，就应允许孩子自由发挥。也许孩子们的想象力就是在我们大人自以为是的"你应该这样玩"中逐渐被遏制了。所以，当孩子专注游戏时，无论"对错"，我们都不要打扰他。游戏结束后，低下头问问孩子的想法，或许会带给我们无限惊奇。

（2）阅读法。

和孩子一起读书、给孩子讲故事无疑也是培养孩子想象力的好方法。最好为幼儿选择那些带有大量颜色鲜艳的插图且文字较少的书，随着孩子识字量的增加，可以逐步增加所读书籍中的文字量，越年幼的孩子所读书籍的文字应越少、图案应越多越大越鲜艳。其实家长应该珍惜这段"随心所欲"的亲子阅读时间，因为过不了多久孩子就会要求家长严格按照书本，一页一页地给他们读了。而在孩子小时候，家长可以随意停留在哪一页，也可以全凭喜好自由发挥，天马行空地讲，为书中的人物或动物形象"编造"各种各样的故事。除了读书，家长还可以给孩子看各种各样的图片，模拟各种声音，让孩子多了解平时接触不到的事物，扩大孩子的词汇和视野。

（3）开放性提问法。

向孩子提出开放式问题，给孩子想象的空间。例如：一位爸爸陪喜欢汽车的儿子去看汽车展览，在回家路上，爸爸问孩子："你能想象未来三十年汽车会是什么样子吗？如果让你以后设计汽车，你会设计成什么样子？能不能给我描绘一下呢？当然，你可以说出来也可以画出来。"又比如，刚带着孩子去成都大熊猫繁育研究基地看了大熊猫，趁着孩子对大熊猫还处于兴奋状态，看到天空下雪了，让孩子想象雪天的大熊猫怎么度过严冬？计划怎么帮助大熊猫？

（4）自由创作法。

绘画、捏橡皮泥都可以培养幼儿的想象力，尤其是自由式绘画，不给孩子的思想和技法设限，让他们随心创作，千万不要告诉孩子"你应该用黄色的笔画太阳"。谁说画画就非得用笔，手、脚、破布、海绵、绳子、橡皮、半块苹果、树叶……都可以成为绘画的工具和材料，甚至我们把食用色素调在酸奶里，给他们准备一大张油布纸（厚纸板也行），孩子们也能给我们带来无穷惊喜。

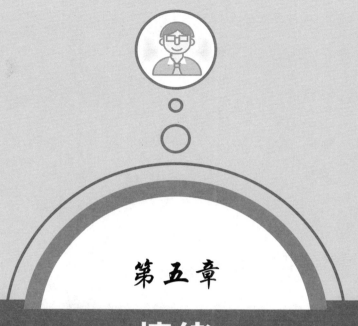

第五章

情绪
——用积极心理学为孩子建构积极情绪

积极心理学是 20 世纪 90 年代在美国兴起的心理学研究方向，创始人是美国当代著名的心理学家马丁·塞利格曼。与传统心理学相比，积极心理学利用目前心理学比较完善和有效的实验方法与测量手段，从人类美德、力量等积极品质出发，研究人的积极情绪体验、积极认知过程、积极人格特征以及创造力和人才培养等，成为了心理学的一种新思潮。积极心理学的研究对象是积极的主观体验、积极的人格特质以及积极的社会环境。

积极心理学的研究内容之一是积极的主观体验，也就是研究积极情绪，研究个体对过去、现在和将来的积极体验，通过对三个不同时间状态的积极体验进行研究，来引导人正确对待自己的情绪。

积极情绪是一种积极、正性的情绪。积极情绪是个人对有意义事情的特有即刻反应，是一种暂时的愉悦。积极情绪与某种需要的满足相联系，通常伴随愉悦的主观体验，并能提高人的积极性和活动能力。积极情绪作为一种正性情绪，对人体健康、人格培养等都有积极影响。

积极情绪对孩子成长发展的影响力

英国教育家、社会学家赫伯特·斯宾塞在《斯宾塞的快乐教育》一书中曾指出：孩子在快乐的时候，学任何东西都很快，如果他情绪低落、精神紧张，学习的信心和效率就会明显减弱，即使请来一个伟大的教育家教育他们，也是徒劳无功。这充分阐释了积极情绪对孩子成长和发展的巨大影响力，我们甚至可以说一个听不到孩子欢声笑语的家庭是没有希望的。

（一）积极情绪体验是孩子健康人格养成必不可少的心理因素

积极情绪与个体健全人格的形成关系极为密切。所谓健全人格是指人的本性得到充分发展，其指明了人的成长方向，可作为普通人的榜样。积极情绪有助于人格特质的培养，健全个体人格，使个体增强自信、自尊及勇敢面对困境等。

（二）积极情绪能给孩子带来幸福感

积极情绪体验本身就属于幸福感。积极情绪能帮助人处于好的心境中，而在一种好的心境中个体会乐观，对个人的生活感到满意，体验幸福和愉快。增加积极情绪的体验是获得幸福感的可靠途径，积极情绪对心理健康有促进作用。研究表明：通过干预促进积极情绪体验，对个体幸福感、心理健康测试量表（SCL-90）得分均有显著影响，能改善体现病态心理特征的 90 项症状，促进幸福感的提高和压力应对方式的改善。反复体验积极情绪，有利于增强个体心理弹性和提高社会关系的质量，从而获得更高的主观幸福感。曾有心理研究要求一组大学生被试持续书写 4 周表达积极情绪的话，最后的测试结果表明，大学生的幸福感以及应对压力方式在书写 4 周后都得到了显著提高。

（三）积极情绪是激发孩子创造力的帮手

创造力指产生新的思维、新的方法，发现以及创造新事物的能力，是成功完成创造活动必备的心理品质。诸多研究证实积极情绪有利于创造力，对于企业员工来说，积极情绪可以增加员工对创造性工作的支持，提高其工作绩效，个体在积极情绪状态下能表现出更高的创造力，更有效地解决问题，更加全面地进行决策（安晓芳，2020）。潘仲君（2010）的研究表明，如果个体处于积极的原始情绪状态，那么个体在思维活动的持久性、原创性、流畅性、灵活性、积极观点数等方面就有更好的表现，对创造性科学问题提出能力具有显著的促进作用。

（四）积极情绪是孩子具有高心理韧性的源泉

心理韧性是当个体面对逆境、严重压力或创伤性生活事件等危险因素时才发挥作用的心理特质。积极情绪与心理韧性密切相关，研究表明积极情绪在压力适应中有重要作用（蒋长好，2005），高心理韧性个体拥有更多的积极情绪，这一点已经在积极心理学对心理韧性和积极情绪的相关性研究中得到证实。具有高心理韧性个体的特质之一就是自身能够运用积极情绪面对问题，积极情绪可以给个体提供面对创伤时所需的心理资源，促进个体更快、更好地适应环境。

（五）积极情绪有益于个体的身心健康

首先，积极情绪可以促进身体健康和更好地康复。Ekman 对患有乳腺癌的女性群体干预发现，降低这些患者的焦虑和抑郁情绪后，这些患者乳腺癌的复发率明显下降（David Matsumoto 等，1998）。还有研究表明：对中年冠心病患者进行针对性的心理干预，可有效降低其负性情绪，加快疾病的康复速度。其次，积极情绪能降低传染性疾病的感染风险。Marsland 等研究发现，积极情绪得分高的被试存在更高水平的乙肝病毒抗体反应，即积极情绪得分高的被试更不容易感染乙肝（董妍等，1998）。积极情绪通过增强个体免疫能力进而降低个体易感染性，提高个体的免疫系统功能。笑就是一种积极情绪的表达，可使免疫系统功能得到改善，提高对疾病的抵御，从而提高健康水平。

当然，积极情绪对心理健康也有促进作用。积极情绪可以降低个体心理疾病的易感性，更好地应对负性或压力事件。积极情绪对于心理疾病也有调节作用，积极情绪对抑郁有明显的保护和缓解作用，这一点在 Wichers 的研究结果中得到了证实（苗元江等，2015）；

积极情绪作为一种心理因素通过影响个体的认知可以降低个体心理疾病水平与风险，除此之外，积极情绪促进个体更快地适应外部环境，拓展个体的人际资源，促进社会交往，有助于个体更好地应对负性生活事件。

孩子的积极情绪既然如此不可或缺，那么孩子的积极情绪应该如何培养？家长可以做些什么呢？

二 孩子积极情绪的养成

法国哲学家、教育学家爱尔维修曾经说过，即使是普通的孩子，只要教育得法，也会成为不平凡的人。伟大的物理学家爱因斯坦幼年时不仅不是神童，而且还是一个看上去很笨的孩子，3 岁不会说话，9 岁语言表达也很不流畅，小学成绩也非常普通，还受到歧视，甚至有老师断言他长大后不会成器。遭此种种，爱因斯坦的妈妈并没有气馁，而是不断表扬、激励孩子，认为"我的孩子并不傻，将来一定是一位了不起的大教授"。正是妈妈的鼓励、支持、信任、期待让小爱因斯坦在求学、求知的道路上勇往直前，最终成为妈妈心中的大教授。

（一）母亲做孩子积极情绪的启蒙老师

孩子的观察力和感受力都是惊人的，他们往往凭直觉就能察觉到对方的情绪变化和心理真实情感，而对方的情绪变化又会影响到孩子的情绪。对小婴儿来说，对方看他带有厌恶、嫌弃等负面情绪时，他的情绪也会比较低落，婴儿是不会伪装自己的情绪的。所以，孩子的情绪是深受身边大人影响的，尤其是母亲，所以母亲要从孩子出生开始就做好孩子积极情绪的启蒙老师，因为母亲是孩子最亲近的人，对孩子情绪的影响力也更大。母亲不仅自己要保持良好的情绪，对待孩子时更要有良好的情绪，母亲对孩子情绪的影响力从孕期就开始了。

胎儿在母亲肚子里时，就能听见她说话的声音、心脏的跳动声、呼吸声、吞咽声和血液流动声。如果胎儿在肚子里听到的这些声音是柔和的、愉悦的、轻盈的，那么孩子出生后，就会有健康开朗的性格，反之，孩子就会是消极的性格。

孩子出生后，他最熟悉的气味和声音均来自母亲，他对情感的各种敏感反应也来自母亲，大家千万别以为小婴儿不懂得感受情绪，他完全懂得，只是不会表达而已。例如，当母亲给孩子喂奶时，不管是母乳喂养还是奶瓶喂养，小婴儿边吃奶边听着母亲熟悉的心跳声、呼吸声、血液流动声，闻着母亲熟悉的气味，小婴儿很容易吃饱喝足后沉沉睡去，这是孩子最有安全感、最快乐的时刻。可如果母亲喂奶时，还想着刚才发生的种种不愉快的事，还生着闷气，心脏怦怦乱跳、呼吸急促、血液哗哗流着，身体还释放着高亢的肾上腺素的气味，宝宝贴着母亲身体吃奶，捕捉到母亲的声音和情绪，知道母亲生气了，他很害怕也很没有安全感，紧张害怕的情绪影响到他的消化，让他不安地哇哇大哭。

孩子长大后，对母亲情绪的捕捉已经不再局限于气味和声音，他学会了察言观色，他喜欢母亲温柔的笑脸，害怕母亲严峻的眼神，通过母亲脸部表情、肌肉收缩、声音语气分辨出母亲的不同情绪，知道母亲什么时候是生气、什么时候是高兴、什么时候是伤心，并根据母亲的不同情绪做出不同反应。当母亲开心的时候，孩子也会哈哈大笑；当母亲不快的时候，孩子也会感到不安；当母亲悲伤难过的时候，孩子也会变得忧郁。所以，母亲是孩子最初的情绪启蒙老师。孩子通过母亲来探索世界，也像母亲一样去表达情绪。如果母亲希望孩子拥有健康积极的情绪，那么母亲自己必须成为情绪积极的人，同时还要注意对孩子表达情绪的方式。

（二）父母稳定的情绪是孩子良好情绪的来源

教育家蒙台梭利曾经说过，我们对儿童所做的一切，都会开花结果，不仅影响他的一生，也决定他的一生。会教育的父母千篇一律，会管理情绪的父母万里挑一。父母的情绪，决定了孩子的未来。正如作家周国平所说，一个家庭和睦，父母相爱，孩子能在有爱和快乐的氛围中度过童年，他的人生就有温暖明亮的底色，可保心理健康，情商良好。有一位老师经过长期观察得出：一个家庭幸不幸福都写在孩子的脸上。父母相爱，孩子的眼睛会发亮，笑容多，表情都是幸福的。但是令人遗憾的是现实生活中父母情绪冲动给孩子带来身心伤害的例子比比皆是。

例1："有一次，我急着带孩子出门，孩子偏不起床，我生气地使劲一拉，孩子手脱白了。"

例2："晚上叫孩子洗漱，他怎么都不动，我的火一上来，把牙刷摔成了两半。"

例3："孩子读初中，有一天说我不会当父亲，我平生第一次甩了他的脸一巴掌。"

例4："陪孩子做作业，她不专心，气得我把她作业本给撕了。"

凡此种种，父母不稳定的情绪就像一颗定时炸弹，不仅让孩子总是处于恐惧中，还会让孩子丧失安全感，甚至影响孩子的正常心理发育。而被迫为父母情绪买单的孩子，不仅早早失去了心灵深处的"避风港"，而且也失去了直面生活的底气和自信。所以，尤其是作为职业女性的母亲，又要照顾家又要教育好孩子，事情杂、头绪多，与孩子相处时间长，更要保持一种积极的情绪。为了孩子健康成长，作为父母要做到以下几点：

1. 不要当着孩子的面吵架动武，用理性的沟通方式解决问题

父母在孩子面前无论什么原因都不要吵架动武，当然，也不要与他人吵架打架，否则既给孩子做出了一个解决问题的错误示范，又会让孩子产生紧张和恐惧心理。言传身教，身教肯定重于言教，孩子长大后遇到类似情况也会用攻击和暴力的方式解决问题。同时，父母当着孩子面大吵大闹，会让孩子精神高度紧张，没有安全感，稍大的孩子甚至会担心家庭解体，自己必须做出跟谁这样痛苦的选择，从而让孩子背上精神包袱，无心学习。所以，请父母们一定记得不要在孩子面前吵架动武。每年暑期，各地都会迎来一个离婚的高峰期，究其原因，很多家长婚姻感情早就出现了问题，但是怕影响孩子学业一直隐忍，等到孩子高考结束后才来解决自己的婚姻情感问题。虽然无奈，但也好过很多不懂得克制、成天在孩子面前吵

架打架影响孩子心理的自私父母。作为父母，遇到问题要积极沟通，理性处理。

2. 做积极心态父母，不做"消极父母"

最近在网络上有一个青年亚文化的新名词"丧文化"。"丧文化"指一些"90后""00后"的年轻人在现实生活中因为生活、学习、事业、情感等不顺，在网络上、生活中表达或表现出自己的沮丧而形成的一种文化趋势。"丧文化"是指青年群体当中带有颓废、绝望、悲观等情绪和色彩的语言、文字或图画，它是青年亚文化的一种新形式。"废柴""葛优躺"等词汇的产生和流行，是青年亚文化在新媒体时代的一个缩影，它反映出当前青年的精神特质和集体焦虑，在某种程度上是新时期青年社会心态和社会心理的一个表征。

但是作为孩子的父母，尤其是母亲对生活的态度直接影响孩子的生活安全感和成长信心。父母当然要面对生活的种种压力和磨难，但无论如何都要积极面对，不要被社会部分群体的"丧文化"裹挟，更不要将这种颓丧、消极甚至抑郁的情绪传递给孩子，否则会让孩子过早接触到社会的阴暗面、承受不该承受的生活压力，父母这种对生活怀疑甚至颓丧的态度可能会因此伴随孩子成长，影响孩子的健康发育。所以，无论遇到多大的困难和挫折，请各位父母都不要在孩子面前抱怨生活或表达颓废的情绪，希望每一位父母都做能管控自己不良情绪的积极父母。

3. 不要在孩子面前责骂或批评他人，做理性表达的父母

有很多父母自诩直性子，经常毫不顾忌地当着孩子面指责批评别人，他们认为孩子小、不懂事，这样的事对孩子不会有什么影响。

165

事实上，这是一种错误的处事方式，更是孩子健康成长的"毒药"。这样做，不仅有损父母在孩子心中的正面形象，而且也让孩子对父母日常的正规教育产生怀疑，更糟糕的是孩子会习得父母这种错误的处事方式，扭曲孩子心灵，影响孩子的心理健康。所以，作为父母，遇到糟心的事、糟心的人，我们不要宣泄情绪责骂或批评，而要客观分析、理性表达，正确处理，做理性父母很重要。

4. 不做偏激、极端父母，做平和、善意父母

有的父母性格极端，对生活中的人和事看法也比较偏激，容易在孩子面前说一些过激言语，殊不知，家长逞口舌之快，遭罪的是孩子。父母过激的言语和情绪对孩子的性格塑造和心理发育影响是极为不利的，这会让孩子的心理也往偏激的方向转化。因此，为了孩子心理的健康发育，父母要忌讳用偏激语气来表达对事物的看法，一定要做一个用平和方式表达情绪、用换位思考释放善意方式处理问题的父母。

（三）游戏塑造孩子的积极情绪

儿童游戏（Children's Sports and Games）是指儿童运用一定的知识和语言，借助各种物品，通过身体运动和心智活动，反映并探索周围世界的活动。儿童游戏的内容、种类和玩法受社会历史、地理、习俗、文化、道德等因素的影响。游戏是儿童的主导活动，能培养儿童高尚的情操，引导儿童认识客观世界，促进儿童身心的发展，是对儿童进行全面教育的有力手段。

儿童游戏种类丰富，包括拼图填色、数学游戏、文字游戏等益

智类游戏，也包括角色游戏、建构游戏、体育游戏等健全身心的活动方式。

　　儿童时代正是孩子身体、心智发育的黄金时期，特别需要积极健康向上的学习生活环境。成人上网成瘾都有可能带来很多不良影响，而儿童脆弱稚嫩，其身心更容易受到侵害。网络游戏虽然在一定程度上满足了孩子对电脑、互联网技术的好奇心，但是一旦沉迷其中，往往会造成儿童性格内向甚至自闭，还会损害孩子的身体健康，如造成驼背、近视等。而且，在网络产品竞争日趋激烈的形势下，一些本来发端于健康教育理念的儿童网游也有可能像成人网游那样逐渐变味，给下一代带来负面影响，所以我们认为能给孩子身心带来长久健康发展、使孩子情绪愉悦的游戏指的是一些传统游戏、线下游戏，而非网络游戏。正如一些从事多年幼儿教育的老师认为，老鹰捉小鸡、丢手绢、捉迷藏等耳熟能详的户外童年游戏，强调人与人之间的交流互动、团结协作、友爱互助，这种游戏既能使儿童身心愉悦，又能锻炼身体，还能发展多种才能，是孩子成长过程中不可或缺的实践锻炼活动。

　　学前期是儿童情绪情感发展的重要时期，幼儿在生活中获得的各种情绪情感体验对成年以后心理生活的健康及人格完善程度都有至关重要的影响。游戏给幼儿快乐与满足，它作为幼儿生活的重要内容对幼儿情绪情感的发展具有积极意义。

1. 游戏促使幼儿体验积极情绪

　　游戏是幼儿喜闻乐见的一种活动方式，它能让幼儿体验到各种积极的情绪情感。以幼儿园小班的孩子为例，小班的幼儿正处于直觉行动思维向具体形象思维过渡的阶段，语言表达能力有限，情感依赖性比较强，对语言的理解能力很有限，所以很多宝妈感觉和孩子讲道理讲不通，好不容易讲通了，孩子理解了，过几个小时又忘记了，这时我们就可以利用游戏来促进幼儿学会语言表达。小班的大部分孩子没有形成独立、安静进餐的好习惯，到饭点了还在玩耍，需要家长、老师多次提醒就餐，在就餐过程中也经常因看到好玩的事就停止吃饭，甚至有时还需要养护者到处追着喂饭，在生活中遇到棘手问题或不理解的事时也都是自己安静地停下来，不会用语言寻求帮助。那么，我们可以让小班孩子玩"过家家"游戏，让孩子们扮演爸爸妈妈的角色，引导孩子回忆在家时是怎么被父母照顾的，使幼儿体验父母的关爱和辛苦，大胆地与周围的人沟通交流，同时理解父母养育自己的辛苦，逐步建立起在各种生活细节中主动配合父母的养育、不给他人增加负担的行为习惯。

2. 游戏可以消除孩子的消极情绪

大家还记得看过的一部电影《海蒂和爷爷》吗？电影里面有这样一个情节，海蒂被姨妈带到法兰克福做富家女孩克拉拉的玩伴时，因想念阿尔卑斯山的爷爷而晚上梦游。这个情节说明一个孩子的情绪如果长期受到压抑得不到释放，就会影响他的心理健康。而游戏为幼儿提供了表达自己各种情绪的机会，游戏可以消除幼儿生活情境中产生的忧虑和紧张感，使幼儿向自信和愉快的情感过渡。

3. 角色游戏有助于培养孩子积极的社会性情感

幼儿在扮演角色时，常常会感受到自己是游戏主人的代入感，把自己看成是很有本领、会做各种工作的人，也会按照游戏中角色的设定要求注意自己的言行。与此同时，角色游戏行为的体验往往包含道德情感的体验，例如，孩子扮演的角色如果是老师，孩子就要学会以自己日常生活中观察到的老师的言行要求自己，从而体验到老师的责任和辛苦。在游戏中，能力弱、年龄小的孩子常常需要能力强、年龄大的孩子的帮助，这种帮助是被游戏的角色设定和情节需要所促发的，被帮助的孩子会体验到友好、善意，并表达感激之情，助人的孩子因助人行为而得到肯定，可以体验到一种成就感、满足感。长此以往，有助于助人者和被帮助者双方都形成稳定的道德情感和稳定的情绪。

　　所以，要想让孩子有更多的情感体验，学会正确的情绪表达，父母一定要多抽出时间陪孩子玩游戏。有条件的家长可以在家里设置"游戏角"，布置玩具。玩具不一定精美、昂贵，甚至不需要有时尚或者酷炫的高科技，只要安全，废物利用也很好，如用过的大纸箱、旧布头、糖纸画片等，都可以变成孩子的"宝贝"，在孩子的游戏中扮演各种各样的角色。在孩子的眼中，一钱不值的废纸箱可以是城堡，五颜六色的旧布头可以是云彩，糖纸画片可以是奖品，孩子想象力的大门一打开，连大人也望尘莫及。在玩的过程中，动手能力提高了、共情能力改善了，社会交往能力和语言表达能力的提升也是肉眼可见，寓教于无形这不正是教育的最高境界吗？

　　值得浓墨重彩一提的是户外游戏活动，这也是孩子积极情绪养成中必不可少的一环，尤其是在网络游戏盛行的当下。20 世纪 30 年代，著名教育家陶行知先生就提出"生活即教育""社会即学校"的教育论点。最近几年，随着城市化的加剧，让孩子走出钢筋水泥的城市森林、开展"自然教育"的呼声越来越高。孩子是属于大自然的，开展户外活动对孩子来说是必不可少的。在美丽的大自然中开展游戏，会让孩子感受到辽阔、沉静、真实、奇妙等在室内无法体会到的情感。

（四）孩子的坏情绪应"疏"而非"堵"

是人就有七情六欲，所以孩子有情绪的时候其心理反而是正常的，一个没有情绪的孩子反而是十分可怕的，那些有严重心理问题的孩子，往往都是极度被压抑的孩子。

例1： 4 岁的鹏鹏在幼儿园被老师批评感到很生气，回家后妈妈叫他吃饭，他迁怒到妈妈身上，就在这时，家里的小狗跑过来蹭鹏鹏小腿，试图安抚小主人，却被发脾气的鹏鹏一脚踢到阳台，小狗一时没有反应过来，就从阳台掉下去摔死了。鹏鹏和妈妈跑到楼下，看到小狗躺在地上一动不动的样子，那一刻鹏鹏才知道，自己犯了一个天大的错误，因为乱发脾气，把养了一年和自己朝夕相处的小狗害死了，鹏鹏追悔莫及。

例2： 在《不可思议的妈妈》亲子节目中，当小鱼儿因无法带走心爱的玩具而崩溃大哭时，胡可说："我知道你很想要这个玩具，现在拿不回家你心里有点难过，但是这是规则。"当小鱼儿从水堡里出来因害怕而哭泣时，胡可说："我知道你有点害怕，但是你表现很好、很勇敢，你坚持下来了，对不对？"在整档节目中，但凡小鱼儿闹情绪，胡可必定第一时间送上"我知道"句式。简单的一句话，代表着妈妈体会到了孩子的感受，理解他内心正在发生什么。面对困于坏情绪之中的孩子，要先读懂情绪，准确把握情绪背后的真正诉求，才能由内而外地解决孩子的情绪问题。因此，当孩子有坏脾气时，父母不要去强行制止孩子的负面情绪，允许孩子适当发发小脾气，然后再积极疏导解决孩子的情绪问题。

当然，也有很多家长抱怨孩子不分场合在众人面前"发脾气"，让自己很难堪。这是大多数父母在面对孩子当众发脾气时的普遍反应，家长关注的是自己的面子，却很少真正去关心孩子此时的心情和情感需要。于是，家长往往就会采取高压政策对孩子的行为加以压制。那么，我们应该如何应对孩子的坏情绪呢？父母一定要做到"四要"和"四不要"。

先来看看是哪"四不要"？第一，不要冷处理。冷处理只会让孩子觉得父母非常冷漠，根本不爱自己，所以要及时回应孩子的情绪，让孩子知道自己是被爱的，给足孩子安全感。第二，不要讲道理。在孩子情绪上头的时候不要跟他讲道理，激情状态下的孩子大概率是什么都听不进去，所以这个时候表达对孩子情绪的接纳和理解就很重要。第三，不要刻意讨好巴结。讨好巴结除了助长孩子的坏脾气，让他变本加厉之外，父母也会被逼得无路可退。就事论事，解决问题是关键，底线原则问题要坚持。第四，不要以暴制暴。如果父母表现得比孩子的脾气还要大、情绪还要激烈，孩子小的时候或许还压得住，等孩子大了，要么以暴制暴表现得比父母还要暴力、激烈，要么就是极度地压抑自己，最后出现严重的心理问题。

家长如何做到"四要"呢？"四要"有哪些内容呢？第一，父母一定要冷静。孩子的每一次情绪失控，对他来说都是一次成长和历练的机会，只要父母做到冷静，引导得当，那么对孩子来说就是一件好事。第二，要允许孩子把情绪表达出来。发泄情绪、表达情绪是每个人的权利，也是孩子维护身心健康的合理方式，只要他没有去伤害别人，没有过度失控，就要允许孩子表达。只有让孩子把情绪表达出来，把孩子心理积压的负能量释放完毕，孩子才会舒服。第三，要真正关心孩子，接纳孩子的坏情绪，理解孩子情绪背后的真实需求。在孩子有情绪的时候，先让孩子发泄，之后父母一定要表示共情和理解，如"我知道这次在幼儿园你没有得到小红花很难过，妈妈也为你感到惋惜"。真诚地关心孩子，如问问他现在有没有好一点，给他递一张纸巾擦擦眼泪，或者给他一个拥抱，当父母这样做的时候，不管孩子表现的是接受还是不接受，都不重要，重要的是此时孩子能感受到父母的真诚和关爱，这才是最重要的。第四，事后一定要跟孩子讨论分析。这一步非常重要，这是让孩子成长的关键。在孩子情绪疏导完毕后，父母一定要就事论事和孩子一起分析探讨遇到类似情况时正确的处理模式是怎么样的，让孩子有所成长才是关键。仍以孩子幼儿园没有得到小红花为例，在孩子情绪平静下来、恢复理智后，询问孩子这次班上有哪些小朋友得了小红花？他们为什么能得到小红花？跟你比，他们有什么长处？你该怎么办？通过启发孩子，使其找到问题的症结所在，并引导孩子自己说出今后努力的方向，这才是真正解决问题的关键。

特别强调一点：在涉及一些重要的原则和底线的时候，家长不要因为孩子的哭闹而妥协，这样才会让孩子有规则意识。如果父母没有坚守原则和底线，孩子就会故伎重演，用情绪去操纵父母。

关于孩子坏情绪的处理办法，送给广大家长们一个顺口溜：孩子急了我不急，接纳情绪是第一，态度和善语气柔，原则底线不放手。

第六章

个性
——用个性心理学塑造孩子的完整人格

心理学是研究人的心理现象的科学。而人的心理现象就是指人的精神现象和主观世界，它包括心理过程和个性心理两大方面。在个性心理中包括个性倾向性、个性心理特征和自我意识。个性倾向性表现了一个人的意识倾向，是个体行为活动的动力系统，由需要、动机、兴趣、理想、信念和价值观组成；个性心理特征包括能力、气质、性格等，它反映了个体典型的心理活动和行为特点；自我意识是个性结构中的自我调节系统，主要包括自我认识、自我体验和自我控制三种成分。与心理过程具有人类的共性相反，个性心理具有人类的个别性，体现了人与人之间的个体差异（黄希庭，2007）。

　　个性心理与事业、爱情、婚姻、前途以及健康有着密切的关系。优良稳定的个性必然学有成、行有为、种有收，全身心投入必然会获得生活、事业的双丰收；学习能集中精力，决不三心二意、心猿意马；做事踏踏实实，决不哗众取宠；意志坚强、毅力坚韧，始终如一，决不朝三暮四。这样的个性，才能学习优良、事业有成。有知识、有才华、有能力、有事业、有人品，才能寻得良好姻缘；为人忠诚、性格温和，爱情、婚姻定能美满幸福。而不稳定的个性，学不能专心，行松散无轨，只想收而不想种，不肯全身心投入，必然得不到收获。这样的性格，当然也难有出色学业，也不会有足够的才能和智慧，无学业就难以就业，更难以独自创业，前途渺茫。既无学业，又无事业，爱情婚姻也将面临重重障碍。

一 个性的定义及形成因素

个性的形成和发展过程，是人的社会化过程。作为生物性个体，人一来到世界上就置身于复杂的社会环境中，从幼年到老年，个性在社会化过程中持续地形成与发展。所谓"社会化"，就是指在特定的社会与文化环境中，个体形成适应该社会与文化的个性，掌握该社会所公认的行为方式。通过社会化过程，个体从自然人转化为社会人，形成区别于其他人的综合性心理特征，即个性。

（一）先天的遗传素质是个性形成和发展的基础

心理学实验证明，即使接近人类的高级动物（如黑猩猩），经过严格的学习训练，也无法形成人的心理和行为。具备人的生理条件是形成人的个性的基础条件，在早期的心理学中，遗传素质对个性形成的基础性作用，曾经被某些心理学家认为是决定性的。例如，阿德勒（Adler）认为，个性产生于人的自卑感，而自卑感源于个体的器官缺陷、体弱多病等身体因素（李贤智，2017）。作为个性重要组成部分的生活风格，就是在个体发展过程中，为了补偿自己的自卑感，逐渐尝试、总结而固定下来的一种对付困境的独特的行为方式。克瑞奇米（E. Kretschmer）更趋极端，他根据人的体形把个体个性分为瘦长型、肥胖型、斗士型等不同的类型（杨丽珠和董春月，1993）。这种过分强调遗传素质作用的观点显然是错误的，现代生理心理学的研究结果最终揭示了遗传素质只是个性形成和发展的基础，而个体所处的社会环境和个体社会实践活动才是个性形成的决定性因素。

（二）社会环境因素是个性形成和发展的重要条件

在所有对个体个性形成和发展起作用的社会环境因素中，家庭、学校和社会文化是最直接也是最重要的影响因素。家庭是社会的细胞，社会环境中的任何变化，都会在家庭中或多或少地得到体现。在个体人格形成的关键期——婴幼儿期、儿童期和少年期，家庭生活的时间约占个体全部生活时间的 2/3。所以，孩子要受到家庭这个朝夕相处的社会环境因素的影响，随时向家庭中的成人尤其是父母学习生活经验、价值观念、行为方式。因此，各种社会对个体的需求，往往通过父母有意识地筛选过滤，以高度个体化、有选择的形式传递给子女，而父母本身的个性特征，也会通过他们的言传身教强烈影响子女的个性，俗话说"有其父必有其子"就是这个道理。心理学研究显示[1]：父母的教养方式、榜样示范作用等，甚至可以在相当程度上决定孩子一生个性发展的方向。

学校教育对孩子个性的形成、影响过程实际上是一个系统对个体施加影响的过程。学校通过有目的、有计划、有组织的教学活动，把文化知识、社会规范、道德准则、价值观念等传授给孩子，对未来的社会成员施加规范的影响，促使孩子实现社会化，帮助孩子形成和发展起适应所处社会环境的个性。在现代社会，个体要适应纷

---

[1] 资料来源：https://zhuanlan.zhihu.com/p/598567694。

繁复杂的社会生活，家庭教育只是起步的基础，个性的形成和发展更重要的影响因素是学校教育。

社会文化是人类有意识活动所创造的一切。在人类社会生活中，文化无处不在、无时不有。有时它是显在的，有时又是潜在的，但不论怎样，社会文化时刻都在约束个体的言行，塑造着适应文化要求的个体个性。心理学跨越不同文化的研究表明，社会文化往往与个体个性有高度的一致性。

（三）孩子经历的社会生活实践是个性形成和发展的主要途径

社会化过程持续人的一生，家庭教育、学校教育、社会文化只作为一种孩子个性形成与发展的社会要求，为个体个性的形成和发展指出了方向，至于个体究竟成为什么样的人则取决于个体自身参与的各项社会生活实践活动。作为社会的一员，个体必须适应所处社会环境才能生活和发展。个体拥有的工作与生活方式、能力等促使个体形成符合社会要求的态度体系和自己的个性。孩子的认知、智力、能力、自我评价、成就等，只有在社会生活实践中才能形成和发展，并最终接受社会检验，不断地修正完善。综上所述，个体个性形成和发展的因素是多方面的，各个因素之间相互依存，共同决定个体的个性。在此，我们将其分开论述，只是为了更方便地说明问题。在实际生活中，它们是不可分割的。早期心理学讨论个性时曾出现过遗传决定论、早期生活决定论的观点，虽然都曾风靡一时，但是均未承受住实践的检验，随着时间的推移，纷纷退出了科学心理学的论坛。因此，从综合辩证的原则出发来看，个性的形成和发展是以先天的遗传素质为基础，以社会因素为重要条件，以社会生活实践为主要途径的。

刚出生的婴儿几乎都相似，他们除了哭、笑、睡、吃等满足基本生理需要、安全需要的活动外，并无个性。只是随着生长发育，婴幼儿接触的客体逐渐多了起来，信息不断积累，高级的精神（心理）需要越发凸显，婴幼儿也就逐渐开始出现和具有了不同的个性。所以，个性主要来自个体所处的社会环境，是由后天的环境培育，在所经历的社会生活实践活动中发展完成的。不同的环境和社会生活实践活动能培育出不同的个性。古人对此深有体会和认识，"近朱者赤，近墨者黑"就是这个道理。孟母三迁，也是孟母基于这个规律对孩子适宜教育环境的主动选择。人的需要、兴趣、爱好、理想、信念，全是在遗传特质基础上通过后天环境中的学习、熏陶、感受、模仿而潜移默化培育形成的。人的能力、秉性、性格同样是在后天生活实践中培育形成的。在成年以前，孩子个性心理的发生、发展、发育，基本上是被动的，年龄越小，被动成分越大，随着年龄增长，信息量增多，意识与思维的出现，被动性逐渐减少，主动性开始萌芽、提升。成年以后，生理发育成熟，个性心理发育同步逐渐形成和完善，以后的心理发展就完全有了主动权。这表现为成年后的孩子会主动寻找适宜的生活、教育环境居住，主动选择适宜的朋友交往，主动寻求发展机遇提升自己。

作为父母，发挥家庭教育在孩子个性养成中的正面作用，帮助孩子形成健全的人格，这点尤为重要。在此之前，我们对孩子的气质、性格要有一个客观认识和了解。

二 孩子的气质及养育

　　气质是表现在心理活动的强度、速度、灵活性和指向性等方面的一种稳定的心理特征。人的气质差异是先天形成的，受神经系统活动过程的特性所制约。孩子刚出生时，首先表现出来的差异就是气质差异，有的孩子爱哭好动，有的孩子平稳安静。随着年龄的增长，孩子还会表现出更多的行为差异。例如，日常生活中我们常常看到有的孩子不怕生，见了生人主动打招呼，有的孩子则躲在家长身后不肯出来打招呼；有的孩子遇到困难很容易放弃，有的孩子执着坚持，永不认输；有的孩子对环境中的声、光、冷、热很敏感，有的则感受不到周围环境的细微变化；有的孩子很容易养成规律作息，定时吃饭、睡觉、排便等，有的孩子生活随性、不易养成规律作息。这就是气质在孩子们身上的不同表现，气质是人格（个性）形成的基础和原始材料，人格以气质为先天条件，并受到个体所处社会环境的影响。

（一）气质分类及特点

　　气质学说是由古希腊的医生希波克拉底提出来的，他认为人体内存在四种体液，分别是：黄胆汁、黑胆汁、黏液和血液。根据这四种体液在人体内的不同比例，他把气质划分为四种类型：①多血质：体液中血液占优势；②黏液质：体液中黏液占优势；③胆汁质：体液中黄胆汁占优势；④抑郁质：体液中黑胆汁占优势。希波克拉底所创立的气质学说用体液解释气质类型虽然缺乏科学根据，但人们在日常生活中确实能观察到这四种气质类型的典型表现。巴甫洛夫则认为人有四种典型的高级神经活动类型，即活泼型、安静型、兴奋型、抑制型，它们分别与希波克拉底的四种气质类型相对应，四种气质类型即四种典型的高级神经活动类型，这些高级神经活动的类型是人的气质形成的生理基础。这四种气质类型（高级神经活动类型）的人具有不同的行为特点（见表6-1）：

表6-1　不同气质类型的行为特征

气质类型	高级神经活动类型	神经系统基本特点	行为特征
多血质	活泼型	强、平衡、灵活	活泼好动、反应敏捷、情绪发生快而多变、注意力和兴趣易转移、善交际、轻率、外倾
胆汁质	兴奋型	强	直率、精力旺盛、热情奔放、急躁、感情用事、自制力差、外倾
黏液质	安静型	强、平衡、不灵活	沉着、安静、情绪不外露、行动迟缓、注意力稳定、自制力强、随机应变差、内倾
抑郁质	抑制型	弱	孤僻、多愁善感、动作迟缓、情绪体验深刻、富于想象、善于观察细节、内倾

　　孩子从出生开始就会显示出气质的差异，呈现自己的气质类型，如果父母能够早些了解自己孩子的气质类型以及这种气质可能带来

的人格特点，那么就可以有针对性地教育孩子，发扬优势、克服劣势，帮助孩子成长。这里要强调一点，气质有四种类型，每个个体气质不尽相同，但真正只有一种类型气质的孩子也是极少数，大多数孩子是混合型气质，兼具2~3种气质，以某一种气质为主。所以我们在判断孩子气质类型的时候，千万不要教条地将孩子单一地划归到某一种气质中去，而是应该通过观察和测定来判定孩子的气质类型和特点。作为家长，我们在判断孩子的气质类型时，一定要遵循以下原则：

1. 每个孩子都有自己的独特气质

每个孩子都是与众不同的，不同的孩子对同一事物、同一事件可能会出现不同的反应，但是孩子们的反应模式在某种程度上是一致的，也就是说，就孩子个人来说他们对同一事物的反应模式是趋同的。

2. 孩子的气质类型在特定情况下表现更明显

一般情况下，孩子在面对困难时的态度和反应更能体现出气质，如孩子在转学到新学校适应新环境时或者面对重大考试时表现出的态度、特点更能体现出孩子的气质类型。

3. 气质属于遗传物质，很难改变

作为家长我们应该意识到，孩子的气质与生俱来，想要改变非常困难。如果父母不了解这一点，总想按照自己的想法去塑造孩子，而不是遵循孩子自身的天性发展，那么结果只能是孩子受罪、父母受伤。

4. 因势利导，顺应孩子的气质类型实施教育

当然这样做首先要求父母了解自己孩子的气质类型，其次根据孩子的气质类型制定发展目标和要求，为孩子提供契合气质类型的生活和教育环境，当父母的期望和孩子的气质相匹配时，孩子的发展前景大多是乐观的。

（二）气质无好坏之分

气质是遗传的，是人的天性，本身是没有好坏之分的，它只是给人们的言行涂上了一种色彩，并不能决定一个人的社会价值，更不能做谁好谁坏的道德评判。任何一种气质都有积极、消极两种发展方向的可能性，都可能发展成具有良好性格并充分发挥自己才能的人，也有可能成为性格缺陷、才能受限的人。父母大可不必为孩子不是自己所期望的气质类型而失望，因为每一类气质各具优势。

例1：5岁的壮壮是一个活泼好动的小男孩，他上课时坐不住，经常会离开座位或在椅子上乱动，或者碰碰坐在他旁边的小朋友，睡午觉前会在床上又是跳又是丢枕头。他还爱逞能，常常没听清楚老师的提问就急着回答，常常答非所问。做事没耐心，常常做作业做到一半就跑出去玩，那些古诗、儿歌、绕口令都是只会读一半。他勇于表现自己，积极回答问题，即使有些不懂。集体荣誉感很强，但是有时他又很不讲理，很霸道。看见喜欢的玩具，他会毫不犹豫地和别人争抢，抢不到他就咬人、打人。事后经老师批评教育他又很后悔，主动向小朋友道歉，不难看出，这是一个典型的胆汁质气质类型的孩子。

例2：琳琳是一个5岁的女孩，她平时很安静，在众人面前讲话的时候就会感到害羞。她很喜欢帮助小朋友们，每次小伙伴提出请求，她都不会拒绝，并且尽可能地想办法完成。有一次，琳琳和一个邻居家4岁的小男孩在一起玩耍，小男孩要琳琳手上的玩具小熊，琳琳有点不情愿，但是思考了一会儿，还是笑嘻嘻地把玩具递给了他。又有一次，琳琳和弟弟发生了矛盾，弟弟因为不满意姐姐的行为而放声大哭了起来，琳琳很淡定地安慰弟弟道："不要再哭了，我想我做得已经很好了，你这样做是没用的，即便是爸爸妈妈来了也没用！"结果弟弟不再哭闹了，他们自然也就和解了。当然，很多时候琳琳也会很固执，相比和小伙伴一起疯玩疯闹，她更喜欢安安静静地待在家里自己玩耍，父母常常建议她要多和大家在一起玩耍，多交一些朋友，可是琳琳还是愿意自得其乐地玩耍，还会找各种借口回避妈妈提出的问题。显然，琳琳是一个典型的黏液质气质女孩。

看完以上两个案例，作为父母，我们往往会觉得在养育过程中像例2那样的黏液质孩子养育起来比较轻松，需要投入的时间、精力成本比较低，而例1的孩子往往会是父母口中的问题小孩，需要父母投入的养育成本比较多。其实，气质没有好坏之分，不能决定孩子长大后能干什么、不能干什么，我们家长不要带着"有色眼镜"去看待不同气质类型的孩子。但是，气质可以告诉家长孩子擅长做什么，不擅长做什么。例如，财会类需要持久、耐心、细致的工作，黏液质和抑郁质的人做起来就比较得心应手，而对胆汁质和多血质的人来说就是一种痛苦；但是需要冒险性、开拓性、挑战性的工作如飞行员、宇航员等职业，对胆汁质、多血质的人来说，就比较容易成功，对黏液质和抑郁质的人来说就如同一场灾难。所以家长的正确做法是尊重自家孩子的气质天性，因势利导，充分挖掘自己孩子的潜力，让其健康快乐成长，这样孩子会长成他希望的样子。如果家长逆势而为，强行改变孩子的气质，那么最后的结果往往与期望背道而驰。

（三）学习、了解孩子气质类型的教育意义

气质问题与教育工作有很密切的关系，掌握气质方面的知识不仅可以帮助家长、教师进一步了解自己，加强自我修养，以便对孩子有更好的影响，而且更重要的是能够帮助家长和教师更深入地了解孩子的特点，以便做到因材施教，提高教育效果。了解幼儿气质类型有以下教育意义：

1. 有利于幼儿的个性健康发展

善于区别和正确对待不同气质类型儿童，促使幼儿的个性向健康方向发展。气质类型虽无好坏之分，但每一种气质类型都存在形成某些积极或消极的性格品质的可能性。例如，胆汁质的幼儿容易形成勇敢、坦率、热情、进取等优点，但也容易形成粗心、粗暴、冒失、刚愎自用等缺点；多血质的幼儿容易形成活泼、机敏、开朗、善交往、同情心等优点，但也容易形成轻浮、不踏实、感情体验不深刻、无恒心等缺点；黏液质的幼儿容易形成稳重、冷静、实干、坚韧不拔等优点，但也容易变得冷漠、固执、拖拉；抑郁质的幼儿容易形成细心、谨慎、自爱、谦让、温和、有想象力等优点，但也容易出现怯懦、多疑、孤僻、无自信等缺点。家长、教师掌握了这

一点，就可以在了解幼儿气质类型之后更有预见性、针对性地帮助各类幼儿发展积极的个性品质，预防或克服消极的个性品质。

2. 有利于因材施教

人的气质类型很难改变，应在教育过程中依据幼儿自身的气质类型特点，采取适合各自特点的教育方法。大量的教育实践表明：对胆汁质的幼儿，不要轻易激怒他们，耐心启发和培养他们的自制能力；对多血质的幼儿，不要放松要求，让他们在有意义的活动中养成不怕困难、坚持专一的意志品质；对黏液质的幼儿，不要以冷对冷或求之过急，要给他们留出考虑问题和做出反应的足够时间；对抑郁质的幼儿，切忌当众批评，要加倍关心、照顾他们，根据他们的精力、体力与能力适当降低或调整要求，鼓励他们勇敢前进，这样就会大大提高教育效果。这些经验在幼儿园可以随时随处加以运用。例如，在上课时，不少幼儿总是把手举得很高，甚至不等老师点名就擅自开口回答或答非所问；而有一些幼儿从不举手或很少举手，被叫起来时又一时答不出或脸红心跳比较紧张。前者大多是胆汁质或多血质的幼儿，后者往往是黏液质或抑郁质的幼儿。机智的教师处理这类问题时就要讲究教育艺术，如对于胆汁质的幼儿，并不每次都让他们先发言，示意他们耐心等候或想好了再回答，答错了不过分训斥，以免引起强烈的对抗情绪；对于多血质的幼儿，既要发挥他们发言的积极性，还要对他们的回答提出更高的要求；对于黏液质的幼儿，可以后叫回答问题，让他们有足够的思考时间，或让他们起来补充更正其他幼儿答案的不足，这是黏液质幼儿擅长做的事；对于抑郁质的幼儿，最好事先帮助他们做好准备，有意提出简单的或他们有把握回答的问题，只要他们敢于发言，即使答得不理想也要给予鼓励，从而增强这类幼儿的自信心。这样做，既适应了他们的特点，又帮助他们克服了各自气质类型的弱点，可以使教育工作进行得更顺利、更有成效。

3. 有利于预防不良心理疾病

大量心理咨询案例表明，两种极端不平衡的类型——抑郁质者和胆汁质者往往是精神病的主要候补者，换句话说，这两种气质往往是一些心理疾病的生理基础。因为强烈的愿望、过度的紧张与不知疲倦的劳累，常使胆汁质者的神经抑制功能更加减弱，容易出现神经衰弱，或发展为时而狂暴、时而忧闷的躁郁性精神病。困难的任务、社会的冲突及个人的不幸遭遇，会使神经功能本来就脆弱的抑郁质者感到无法忍受而易于转入慢性抑制状态，于是容易出现易受暗示和富于情绪的歇斯底里，或发展为精神分裂症。为了保护儿童的身心健康，家长和教师应更多关心这两种类型幼儿的状况，分别采取一些对应措施，如使抑郁质气质的幼儿更多得到游戏与休息的机会，减轻心理压力及焦虑程度，培养他们稳重、文静、愉快、坚强等良好的心理品质；使胆汁质气质的幼儿在温暖的集体中获得真正的友谊和生活的乐趣，训练他们做出有益于他人、集体的事情，教育他们尊重他人也尊重自己，爱他人也爱自己，提高其心理健康水平。

（四）不同气质类型孩子的养育特点

前面我们提到过，无论什么气质类型的孩子，都各有优势和不足，都存在两种发展趋势。家长作为养育者，一定要本着因势利导、因材施教的原则，依据不同气质类型孩子的特点，扬长避短，促进其发展。

1. 让多血质孩子学会踏实做人、恒心做事

多血质气质的孩子头脑灵活、反应迅速，喜欢与人交往，兴趣爱好广泛，但是注意力容易分散，兴趣爱好容易转移变化，做事没有恒心，不踏实。大量心理学研究表明，决定孩子成年后能否成功的关键不是智商而是一些非智力因素，如孩子的意志力、吃苦耐劳精神、延迟满足能力等，缺乏这些品质的孩子，即使智商再高，长大后也会变成平庸的人。而这些特质恰好是多血质气质的孩子的短板，所以针对这类气质的孩子，应培养他们做事的专注力、使其学会自我控制，锲而不舍地完成任务，加强其责任感和纪律性，只有这样，才能扬长避短。

生活中，我们观察到很多多血质的孩子做事三分钟热度、虎头蛇尾，在完成任务的过程中也常常"三天打鱼两天晒网"，所以大多数事情都半途而废。任何人要做成一番事业都必须具备坚持不懈的毅力和品质。心态浮躁，做事粗枝大叶，遇到困难就知难而退，这样的孩子最终只会一事无成。作为一名典型多血质孩子的母亲，笔者是有一点切身体会的。记得笔者的孩子刚上小学一年级时，有一次做数学计算题，第一道题是"2-2=?"孩子写出答案为"0"，后面连续 10 道题，孩子没有审题就直接都写"0"了。当然类似的事件还有很多，如她 8 岁时上兴趣班，放学后人已到家，书包却忘在培训学校了……现在回想起来是又好气又好笑。那么，怎样帮助多血质

的孩子学会耐心、细致、坚持和脚踏实地呢？

　　第一，培养孩子的时间观念很重要。对孩子时间观念的培养越早越好，笔者的做法是与孩子商量制定一个时间计划表，科学安排孩子的作息时间。特别强调的是，制定时间表时一定要尊重孩子的意见，家长在时间表上写出这周每天要完成的事情，然后让孩子选择完成的时间段和所需时长。孩子每完成一件事情，就做一个标注，任务完成出色或者提前完成任务可以给予孩子一定奖励，这个奖励不一定是金钱物质方面的，也可以多给孩子讲一个睡前故事或者多一些亲子陪伴的游戏时光。

　　第二，要积极鼓励孩子自己能做的事情自己做。例如，上幼儿园的孩子要自己穿脱衣服、收拾玩具，上学的孩子自己收拾书包，家长要做的就是默默观察，提醒孩子完善细节。例如，家里有客人来，孩子玩得忘记了睡觉时间，家长就要细心提醒孩子，督促孩子按时上床。有条件的家长可以在家里设一个孩子独立玩耍的游戏角，培养孩子养成游戏完毕独立收拾玩具的习惯。好的行为习惯、学习习惯的养成都是从小事抓起，不要怕孩子犯错误而越俎代庖，更不必急着出面帮孩子搞定一切问题，可以让孩子吃几次亏，当孩子体验到自己行为可能产生的后果时，他就能感受到做计划、按时执行计划的重要性了，最终也就会改掉自己做事没有计划的坏习惯了。例如，笔者孩子有一次晚上贪玩，到点不睡觉，劝说几次都不听，那么就可以采用自然后果惩罚法，让孩子自己去面对任性的消极后果，果然第二天早上她因上课迟到而被老师批评，但以后孩子再也没有因为贪玩而迟到过了。

　　第三，孩子学会计划以后，家长还要引导孩子踏踏实实地完成计划。家长可以和孩子一起试着把一个大目标拆分成几个小目标，让孩子逐个地去攻破这些小目标。当孩子学会分解目标并能将一个个小目标分别实现的时候，就已经在不知不觉中学会了踏实做事的好习惯。

第四，身教永远重于言教。要培养孩子良好的时间观念和计划性、坚持性，父母首先要以身作则，严格守时，做事踏实，持之以恒，讲究效率，这样成长起来的孩子自然也差不了。

第五，父母在教育孩子的时候，一定要坚持原则。与孩子发生矛盾时，父母要多点耐心多讲道理，耐心培养孩子按计划做事的好习惯，相信多血质的孩子会拥有光明的未来。

2. 摆脱思维定势，让黏液质孩子更灵活

"思维定势"是指先前的活动造成的一种对类似或者相同活动的特殊的心理准备状态，或解决问题的倾向性。思维定势在解决问题的时候具有重要意义，可以让我们根据已有经验解决眼前问题，节约时间，少走弯路，提高解决问题的速度和效率。不过，思维定势也有其消极的一面，它会让我们的思维产生惰性，养成机械、惯性地解决问题的习惯，使人墨守成规、难以创新。思维定势是束缚创造性思维的枷锁。

黏液质孩子最大的特点之一就是有稳定的情绪，他们不会轻易被各种诱因分心，能够严格地恪守自己的行为准则，尽管他们能够敏锐地感受到周围环境的变化，但是仍会采取客观明确的处理方式。这种"小大人"的气质总是能给人留下稳重、做事不卑不亢的好印象，但是他们不会轻易把自己的心扉完全向别人打开，所以一般不会将

自己的情感外露，更不会夸张地显现自己的才能。因而他们很受他人的欢迎，能够持久地做好自己本职的事情。但是，他们极其容易陷入固定的思维模式当中，因为他们在习惯了某一种处理问题的方式之后，就会固执地用同样的方法去解决一切问题。他们厌恶改变，总希望用一种方法解决所有问题，这当然是一种惰性，对孩子在日新月异的竞争社会中生存非常不利，所以父母要帮助孩子克服思维定势，从多角度思考问题，找到更多解决问题的方法，从而选出最优方案。

帮助黏液质孩子克服思维定势、学会变通的首要方法是培养孩子多方位的兴趣爱好。因为黏液质孩子一旦喜欢上某样东西，对其他的东西就会视而不见，所以父母要经常带着孩子去尝试新鲜事物，培养广泛的兴趣爱好。孩子兴趣爱好多，思维的灵活性才会打开，父母要带着孩子走出家门，走进社会，走进大自然，让孩子了解社会，接触各种各样的人和事，开阔眼界，增加知识积累，扩大思维广度。只有打开孩子的思维，他思考问题的方式和角度才会更加灵活，才不会被思维定势所束缚。

充分发展黏液质孩子的想象力也是克服思维定势的一种有效方法。面对想象力不足的黏液质孩子，家长可以让孩子充分接触大自然，带着孩子去观察花草树木、鸟兽虫鱼，让孩子充分发挥想象力去解释所见到的自然界的各种现象，不管孩子给出的答案是多么荒诞离奇，都要给予充分的认可和鼓励，然后带着孩子一起去寻找正确答案。如果孩子给出的答案带有明显的童话色彩，也要积极肯定，因为我们发现从小接触童话的孩子比不接触或少接触童话的孩子的想象力要丰富得多。

创新和变通只会出现在自由、宽松的家庭氛围中，做民主、开放的父母，不给孩子各种条条框框的限制，尽量给孩子创造足够进行天马行空想象的空间。当然，天马行空的前提是孩子足够安全、且遵守道德和法律规范。

当然，黏液质孩子的性格往往比较沉稳，所以父母应该主动扮演培养孩子想象力的引导者角色，随时利用变化场景开展"头脑风暴"，比如下雨天可以问："雨伞能做什么？"孩子答："可以遮雨，可以打人，走路累了可以当拐棍"……只要是正确的答案，一定要给予肯定，听到孩子说"拿着雨伞打人"的答案也不要发怒，童言无忌，先肯定孩子的思维，确实有拿雨伞打人的人，然后再给孩子树立正确的道德观念，拿雨伞随便打人肯定不对。除了主动提问，引发孩子思考，家长还可以故意提出一些话题引发家庭讨论，甚至争论。例如：可以指着花园里的锦鲤询问鱼儿是怎么睡觉的，然后父母各自说出自己的观点，鼓励孩子说出他的观点，双方观点相左更好，可以引发讨论，让黏液质孩子的思维活跃起来，学会表达、敢于表达、善于质疑权威才是家庭开展头脑风暴的根本目的，最后父母和孩子携手一起去查找正确答案。

3. 加强胆汁质孩子情绪自控能力训练

乐乐从小就是个活泼好动、热情的孩子，他的身上似乎总是充满着能量，无时无刻不闪耀着夺目的光辉。每次有人敲家里的门，他总是第一个跑过去开门，所以快递员最熟悉的人不是家里的女主人，而是第一个开门的乐乐。乐乐在小区也非常受欢迎，他总是主动热情地和每一个人打招呼。不过，乐乐也很让妈妈头疼。有一天，乐乐跑到妈妈跟前说："妈妈，我不喜欢我的书桌颜色，我想换一个颜色。"妈妈和蔼地笑了一下说："孩子，你喜欢什么颜色呢？想好后我们买涂料一起来粉刷重新 DIY 一个书桌怎么样？""好！"乐乐跑开之后好久都没再来缠着妈妈，妈妈因为手头上有其他事也就把这事忘记了。等妈妈空闲下来，就去他房间看了一下，眼前的一切让妈妈惊呆了！原来乐乐正坐在地上，拿着水彩笔往书桌上涂，地上、家具上、乐乐自己的手上、脸上、身上到处是各种水彩的颜色！看到妈妈来了，乐乐还兴高采烈地嚷道："妈妈，你不用买涂料了！我觉得水彩笔的颜色就很好！我自己来涂就可以了！"可以看出，乐乐就是一个典型的胆汁质气质的孩子，这类孩子总是热情似火，身上似乎有着用不完的能量，做事风风火火，但总是让你觉得有点冲动和鲁莽，考虑不周全。

　　那么胆汁质的孩子有哪些特点呢？优点是热情似火。胆汁质的孩子对人热情，喜欢运动，喜欢说话，总是能够在无形之中拉近与别人的距离；另外，胆汁质的孩子讲义气，爱打抱不平，做事光明磊落，所以很容易交到朋友。缺点是行为冲动，缺乏耐性。胆汁质孩子的性子总是很急，做事冲动，总是不经过思考就急于采取行动，这也是他们最大的缺点。就像上文提到的乐乐，他一旦做出了决定就要马上行动，几乎一刻也不能等待，不太考虑后果。此外，胆汁质的孩子非常有主见，自主性超强，所有的决定他们都希望是自己做出的，如果别人强加给他们一些要求，他们是一定会反抗到底的。缺点还有情绪控制力弱。胆汁质的幼儿很容易因为一点小事被激怒就发火生气，为他们没有达到某种目的而懊恼。例如，父母拿着一个玩具逗他，他伸手想要，父母却故意把玩具拿走，这时胆汁质的孩子不会像其他孩子一样理解父母的用意，而是会十分生气地大哭，直到父母把玩具放在他手里为止。甚至胆汁质的孩子学写字和其他孩子都有很大区别，他们常常会因为用力过猛而弄断笔头，他们的画作也常常是"浓墨重彩"。

那么父母要怎样帮助这类孩子提高情绪控制能力呢？

第一，要学会爱孩子。也许有的父母会说："谁不爱孩子呢？这跟提高情绪控制能力有什么关系呢？"其实这一点很重要，因为胆汁质的孩子脾气火暴，很多时候会让大人不由自主地被他们过分的言行激怒而被他带节奏，只有足够的爱才能让家长恢复理性，回到解决问题的轨道上来，而不只是宣泄情绪。因此，对胆汁质孩子的爱要体现在尊重他们的气质上，不要强迫他们去改变。虽然任何类型的孩子都不应该去改变他们的天性，但是其他气质类型的孩子在被强迫改变的时候一般不会有太强烈的对立情绪，只有胆汁质孩子在被强迫改变的时候会出现非常强烈的对立情绪和反抗行为。

第二，孩子发脾气时，父母自己要制怒，同时还要帮助孩子冷静，学会理性解决问题。当孩子发怒的时候，父母先要控制好自己的情绪，不要被孩子的情绪影响，否则只会火上浇油，不能从根本上解决问题。当孩子处于激情状态的时候，父母要先解决孩子的情绪问题，使孩子平静下来，不要当天解决引发孩子情绪的任何问题，先冷处理，注意是冷处理而不是不处理，当第二天孩子情绪平稳后，再把孩子叫来一起为孩子分析整个事情的前因后果，让他们认识到自己的错误。当场面失控时，胆汁质孩子已经因为情绪问题上升到肢体攻击行为了，家长就不能冷处理了，而是要立刻做出反应。比如，有的胆汁质孩子玩耍的时候，极有可能一言不合或者为争抢玩具就动手打人，有的时候甚至会拿起手边的东西扔出去，这时候父母要抱住孩子，不管他们如何挣扎都不要放手，另外还要在孩子的耳边低声安慰，平复他们的心情。当孩子心情平复之后，父母要引导孩子思考有没有更好的解决办法。要告诉孩子在遇到冲突、矛盾和不顺心的事情的时候，发脾气是不能解决问题的。可以采取这样的三步来解决问题：首先，明确生气的主要原因是什么；其次，要进行冷静的分析，明确哪些方式可以解决问题；最后，找出最佳的解决方式，并采取行动。

第三，转移制怒法。如果父母的努力没有抑制住孩子的愤怒，那么父母也可以用转移孩子注意力的方法来平息孩子的怒气。例如，在孩子感到非常生气时，父母可以打开电视或者电脑，告诉孩子可以去看看自己喜欢的动画片，玩玩自己喜欢的电脑游戏，或者到外边找小朋友一起玩耍。这种行为上的转移，会很快带来注意力的转移，再导致情绪上的改变。尤其是孩子，情绪变化比大人要快得多，大家是不是经常看到孩子一边脸上还挂着泪珠，一边已经愉快地吃起棒棒糖了。只要让孩子尽快脱离让他感到愤怒的情境，并且又有令其愉快的事物出现，孩子那种想发脾气的感觉很快就会消失了。父母在看到孩子不开心的时候，一定不要硬刚，而是要马上让他换个环境，或带他到楼下公园里走走，或让他出去踢踢球，运动一会儿。这对孩子来说也是一种情绪转移，转移了他的注意力，也就转移了他的情绪点。如果孩子还小，他自己不能运用这种方法，父母应该耐心地引导孩子，经常让他体验这种情绪转移法带来的感觉，体验多了，孩子有了切身体会，自然而然自己也就会使用了，以后再出现情绪失控的时候，孩子就会主动运用这种方法来调控情绪，这也就形成孩子的一种情绪调控方法了。

第四，游戏法。游戏中常常蕴含着规则，与说教相比，孩子更容易通过玩游戏这种有趣的形式，在没有抗拒力的作用下形成自控能力。比如，父母可以和孩子玩"木头人"的游戏，孩子通过扮演"木头人"的角色，学会控制自己的动作，进而产生自我控制的意识。

第五，担任职务、委以重任。其实胆汁质的孩子并不是"小恶魔"，他们只是无法控制自己的情绪。即便随着年龄的增长，他们也无法像其他孩子那样进行足够的思考之后再行动，他们永远急于行动。在父母的眼里，胆汁质的孩子总是能够给自己带来积极向上、充满激情的感觉，但是也要时时担心孩子会不会行事冲动，出去闯祸。而在老师的眼里，胆汁质的孩子就是那种麻烦不断的学生，上课的时候坐不住，总是在椅子上动来动去；老师问题还没问完，他们的答案已经脱口而出，但是常常"驴唇不对马嘴"；他们喜欢玩打仗游戏，而且经常会和同学动手打架。不过，如果老师给他们安排一些"领导职务"，他们就会马上放弃这些出格的举动，变身为一个合格的"领导者"。其实，这并不是一件奇怪的事情，因为让他们担任一定的职务就是让他们承担了相应的责任，而这种责任就可以培养孩子的自控能力。对于胆汁质的孩子来说，如果能够提高自己的情绪控制力，他们其实很具有领导才能，不仅能够热情地帮助别人，还能公平公正地处理事情，会成为特别受欢迎的孩子。

4. 让抑郁质的孩子走出自己的内心世界，融入集体

抑郁质的孩子一般具有三个特征：①敏感细腻。他们看到、听到、感受到和想到的会比其他气质类型的孩子多。这类孩子往往观察事物细致入微，细节感受能力强，很容易自发地被事物触动。他们对身边人的直觉敏锐，如果有人对他存了坏心眼，他很容易就能知道，所以不容易上当受骗。②深刻专注。他们会对感兴趣的事情投入较多的感情和精力。由于情绪体验深刻，他们往往在绘画、音乐、舞蹈等艺术方面有天赋的热情和良好的表现力，如梵高、毕加索、托尔斯泰、马克·吐温等这些享誉中外的艺术家、文学家都是典型的抑郁质气质。这些人在艺术上都有非凡的成就，不知道他们是因艺术而抑郁还是因抑郁而艺术，也许是一种相互成就的关系。③完美主义。抑郁质气质的孩子只要做一件事就要彻底做好。他们学习时会更认真细致，加上专注度高，理解又深刻，所以学习效率就会高，比较容易成为学霸。

（1）用游戏的方式提高抑郁质气质孩子的社会适应能力。

很多家长会认为，抑郁质气质的孩子不打架、不闹事，性格沉静，虽然和同龄孩子比，略显安静，但这些问题不需人工干预，长大后自然会在社会要求下弥补这种适应性差的不足，所以对抑郁质孩子的问题不加以重视。但是如果家长想让孩子熟悉掌握并接受社会经验和行为规范，将来不会出现社会适应障碍，家长就应该从小培养孩子的社会适应能力，而不是等到孩子长大后再去承担社会适应能力不良的后果（例如，因为社会适应能力欠缺被团队嫌弃，甚至因为不熟悉社会规范而违法犯罪）。孩子最早的社会规则意识、道德意识、社交能力是怎么得来的？就是通过儿童之间的一个又一个游戏获得的。如孩子玩"坐公共汽车"游戏，通过角色扮演自然就了解了司机、乘客、售票员等社会角色的行为规范，孩子玩"娃娃家"游戏，通过游戏自然而然就明白了父母、爷爷奶奶等家庭角色的操劳和不易，这比讲什么大道理都有效。在游戏中，孩子们分配、交换角色，商量游戏情节，制定、遵守游戏规则，设计、挑选游戏服装，因而孩子们的社交能力、组织能力、管理能力、领导力、审美能力、规则意识、道德感都能得到很好的锻炼和培养，这也是一个孩子不可或缺的社会化过程。所以，让抑郁质孩子融入集体，让他们同步社会化，形成良好的性格和习惯是非常重要的一件事，甚至超过对学科知识的获取。众所周知，1989 年，世界卫生组织（WHO）对健康作出了新的定义，即"健康不仅是没有疾病，而且包括躯体健康、心理健康、社会适应良好和道德健康"。社会适应能力已经被明确提升到了健康标准这个高度上，所以抑郁质气质孩子的父母要引导孩子走进同伴世界，让他在同龄人的世界中形成健康的心理，并且纠正自己的性格缺陷，让自己的性格更加完美。对抑郁质孩子来说，学龄前通过游戏充分社会化、培养社会适应能力的意义远胜于父母教孩子学英语、背古诗对孩子健康发展的意义。当然，父母也会发现抑郁质气质孩子在做游戏时往往在游戏中扮演配角甚至"打酱油"的角色，表现机会很少，造成这种状况的原因有二：一是孩子自己性格被动，不主动争取有充分表现力的角色；二是不够自信，竞争不过团队中那些有表现力、主动积极的小朋友。还是以玩"坐公共汽车"游戏举例，抑郁质孩子扮演的角色往往是公交车上的普通乘客，没有一句台词，人肉背景一个。当父母发现孩子遇到这种情况后，可以仔细询问孩子想要扮演的角色，然后帮助孩子开口寻求这样的角色，甚至和其他孩子商量轮换或者互换角色，其他孩子一般都会尊重大人意见，同意交换角色，这样争取得到的角色对抑郁质孩子来说意义重大，孩子会从中学习到想要的东西要主动去表达和争取，而不是被动等待。当然，更好的方式是请幼儿园和小学的老师多关注自己的孩子，请老师多给予孩子参与集体活动的机会并及时给予表扬，树立孩子的自信心，以免孩子在其他小朋友面前感到害羞和自卑。

（2）父母要主动倾听抑郁质气质孩子的心里话。

抑郁质孩子一般话不多，情绪内隐，所以就需要父母主动关注自己的孩子，引导孩子说出自己的想法。例如，当抑郁质孩子表示想离开现在的幼儿园，回到原来的幼儿园的时候，家长千万不能质问指责，说一大堆生活不易、转学很难之类的抱怨话，而是要肯定孩子的情感，表达共情，然后再仔细询问原因，引导孩子说出真实的想法。如果孩子说转幼儿园的原因是他很留恋原来幼儿园玩得好的小朋友，家长也不要嘲笑辱骂，要相信孩子，因为抑郁质孩子很少撒谎，之后与孩子先共情，再告诉孩子解决办法。在和孩子交流时，请一定要注意自己的语气，要温和淡定，不要轻易责备孩子，因为对抑郁质孩子来说，在他开口向家长寻求帮助的时候，他内心已经自责无数次了。对于抑郁质孩子发生的问题，适宜的方式都是私下询问、私下解决，否则孩子内心会感受到伤害。

（3）帮助抑郁质气质孩子克服完美主义倾向。

抑郁质孩子本身是有完美主义倾向的，常常自我加压，所以当孩子已经倾尽全力但还是不能达到和班上优秀孩子一样的水平时，家长一定要学会平常心，降低对孩子的期望值，更多关注评价孩子学习的过程而不是结果，以防孩子产生抗拒和自卑情绪。

（4）抑郁质气质孩子适宜的教育方法是多肯定、少否定。

对待经常自责的抑郁质气质孩子，父母一定要多肯定他们的优点，增强他们的自信心。即使孩子自己主动去和比他优秀的其他人相比较，父母也要引导孩子看到自身的进步，提醒他和自己比较，只要有进步就很好了。慢慢地，孩子通过比较自己的今天和昨天，意识到自己是在进步的，认可自己很能干这个观念，孩子的自信心也就随之增强了。

当抑郁质孩子学会用平常心看待周围世界，学会自己和自己比，更关注过程而不是结果的时候，孩子会越来越自信，走出自己的小世界、融入社会这个大世界也就是水到渠成的事了。

三 孩子的性格和养育

性格是指表现在人对现实的态度和相应的行为方式中的比较稳定的、具有核心意义的个性心理特征，它是一种与社会最密切相关的人格特征。在性格中包含许多社会道德含义。许多年来，心理学家都在探讨一个问题：性格究竟是天生的，还是后天成长过程中逐步形成的？大量的个性心理学研究成果告诉我们，性格特征不是天生的，是在先天遗传素质（气质类型）的基础上，通过后天的家庭、学校和社会环境的影响，经过儿童自己的实践活动和积极主动性逐渐形成的。

既然性格是一个人稳定的个性特征，那么最大限度地利用、发挥性格优点来帮助孩子自我实现、自我发展就非常重要，正如著名心理学家荣格所说："植物要开花结果，首先需要的是适合自己的土壤。"不同的植物需要不同的生长条件才能开出绚烂的花朵、结出美味的果实，不同性格的孩子同样需要不同的培养环境才能实现自己的最大潜能。只有将不同的种子(孩子)种植在不同的土壤(环境)中，种子(孩子)才能茁壮成长、开花结果。但在现实社会中，我们见识到太多没有因材施教的失败个案。

例1：跳跳是一个活泼的男孩子，总是精力旺盛，但是妈妈希望他能安安静静待在家里看书，所以当小伙伴来邀约他出门玩耍的时候总是拒绝孩子出门，这样过了一段时间，孩子不仅成绩没有变好，整个人也无精打采、萎靡不振。

例2：有一个三口之家，儿子没有上过任何课外辅导班就考上了省重点中学，按理说这孩子应该是父母的骄傲，但是不知道什么原因，儿子和爸爸的关系非常紧张，甚至发展到了互不理睬的地步。妈妈多次劝解、沟通无效，把父子俩请到心理咨询中心，心理医生分别给他们做了性格测试，发现爸爸属于外向型，性格开朗，很善于沟通和解决现实问题；儿子则是内向型性格，比较沉默寡言，但是注意力集中、直觉敏锐、思维严谨、逻辑性强，善于抓住事物的本质和规律。父子俩的矛盾主要集中在孩子爸爸希望儿子成为像自己一样现实、开朗、务实的人，但是他忽略了自己儿子的性格，这种孩子绝对不能动手打，因为这种孩子比较坚持自我，外柔内刚，家里对他逼迫得越厉害，他的反抗性越强，父子之间的感情也越对立。

这个世界上没有不爱孩子的父母，但如果父母不考虑孩子的性格和实际需求，一意孤行按照自己的想法来塑造孩子，只会遭到孩子反抗，甚至毁掉孩子。父母只有接受自己孩子的性格，顺势而为，按照孩子性格来规划孩子未来，这样孩子做事才会有主动性，也才会产生幸福感，当然也更能成才，毕竟孩子的人生是他自己的人生，他感受到幸福才最重要。正如一颗苹果种子自然会长成一棵苹果树，结出苹果，而不会长出梨子或者橘子。作为父母，我们需要做的是为孩子提供肥沃的土壤，让这些优秀的种子发芽生长，让他们有力量去做其他的事情。父母始终在为种子的成长和发展担负责任。

关于孩子性格类型的划分，争论很大，我们大致可以分为内向型和外向型两大类。按照弗洛伊德的观点，孩子3~5岁养成的个性特征对他的一生起到关键的作用，也就是说，人的性格特征一般在3~5岁就定型了，后期难以发生本质上的改变，也印证了中国一句老话："3岁看大，7岁看老，12岁定终身。"孩子进入幼儿园这个全新的环境后，其个性特征往往比以前任何时刻都要典型和突出，因此幼儿园阶段是老师和父母鉴别孩子内外向性格的黄金期。外向的孩子喜欢在交流和讨论中学习，但是比内向孩子更调皮；内向的孩子在课堂上很少举手发言，喜欢通过观察和思考学习，课余也常常独自躲在一个角落玩，安静而内敛。家长和老师可以根据鉴别的结果，抓住3~6岁这个性格修正的黄金期对孩子进行有针对性的养育，才能真正在教育中拉近关系、找对方向，了解其潜能，爱得有章法。

（一）内向型孩子的家庭养育

内向型孩子的心理活动倾向于内部，一般表现为沉默寡言、不喜欢和人交往，喜欢独处；反应缓慢，适应新的环境比较困难，做事情比较谨慎小心。

1. 内向型孩子的家庭养育方法

（1）重视家校配合。

孩子进入幼儿园或小学后，老师就成为孩子教育过程中一个非常重要的角色，老师对待孩子的方式会在很大程度上影响孩子人格特征的形成过程。因此，和老师之间的沟通非常必要。家长可以定期和老师谈谈孩子的情况，告诉老师自己的孩子比较内向，比外向的孩子需要更长的时间来适应环境；孩子要充分做好心理准备后才会积极参与课堂活动，请老师多给孩子参与集体活动或实践活动的表现机会，如点名让孩子回答问题、参加各种活动表演，并在内向型孩子表现后多给予鼓励和表扬，多理解孩子。

（2）对待孩子要有耐性。

内向型孩子一般说话办事都比较谨慎，他们常常要经过仔细的思考才会将自己的想法表达出来或者采取行动。因此，作为父母，应该尊重孩子的这种行为风格，不要总是急于打断孩子的话。

（3）不要对孩子连珠炮式发问。

面对内向型孩子，在孩子回答问题时父母除了要有耐性，还需要注意发问的技巧。内向性格的孩子，如果被问一连串的问题，他会格外紧张，甚至语无伦次，无法思考。因此，在提问时，不要追问太多的问题，要慢慢来。

（4）提高孩子的安全感。

孩子内向可能是由于缺乏安全感，缺乏自尊和自信，比如总觉得自己不够好，所以在课堂上不敢大声发表自己的想法，不敢和小朋友一起玩，怕被小朋友拒绝等。因此，父母应该给予孩子更多的安全感。平时，父母要多抽时间陪孩子一起玩游戏、读书等，在这些过程中给予孩子表扬或积极的反馈，增加和孩子交谈与沟通的机会，让孩子感受到自己很优秀。有句话说得好："失败不是成功之母，成功才是成功之母。"只有让孩子在和父母、同伴相处中感觉到自己的成功和优秀，孩子才会有成就感、自豪感，才会变得自信而成功。

（5）鼓励孩子发展同伴关系。

父母要鼓励孩子多和同龄小朋友一起玩耍，和他们建立良好的伙伴关系，周末可以带孩子去串门，组织一些和闺蜜家庭一起参加的亲子活动，让孩子体验人际交往的快乐。为了避免出现孩子不知道怎么和同伴交流的状况，父母可以事先在家里陪孩子进行角色训练，教会孩子和同伴交往的一些小技巧，增强孩子的自信。

（6）尊重孩子的社交习惯。

在孩子和小朋友交往时，要尊重孩子的社交习惯，不要强迫孩子做他不喜欢的事情。比如，带小朋友玩什么样的游戏或活动，要充分考虑他的意见和兴趣。

（7）关注孩子的情绪情感。

内向型孩子习惯把情绪情感藏在心里，很少直接表达出来。因此，对于内向型孩子，父母要给予更多的关注，因为这些孩子往往更敏感，也更多虑。父母平时可以和孩子沟通交流，鼓励孩子表达自己的心情。孩子主动说出自己开心或不开心的事情时，父母要及时给予表扬和奖励，这样可以强化孩子的行为，让他们更有自信地表达自我。

2. 内向型孩子养育的两大误区

误区一：强行纠正或改变孩子的内向性格

尽管性格特征在早期可以进行一些塑造，可是也包含了一部分遗传因素；此外，内向性格也有其优点，比如安静听话、办事稳重等。因此，家长应该理解内向孩子的行为，鼓励内向的孩子敞开心扉，鼓励他们与人交流和表达自己。但是，一定要把握"度"，是引导孩子，而不是逼迫孩子。大多数孩子还是内向和外向的混合，只是某种特征稍微突出一些。内向或者偏内向都是很正常的性格类型。当然，要防止孩子由一般性内向向极端内向发展，过分的内向是不利于孩子身心健康的。

误区二：内向＝孤独症

有些孩子在家人面前活泼好动，可是碰到陌生人就表现得沉默寡言，不善交往，有些家长为此很着急，害怕这是孩子孤独症的表现。

事实上，孤独症又叫自闭症，这是一种先天性的发育障碍，一般发病于孩子两岁半之前，患有孤独症的儿童无法与他人进行交流，即使对象是自己的亲人。孩子在陌生人面前的"内向"可能和从小接受的教育有关。比如，父母一直对孩子开展的安全教育"不要吃陌生人的东西，小心他们会把你带走"等，久而久之，让孩子养成了对陌生人的防范心理。当然，如果孩子确实表现得孤独自闭，不与人交流，家长存在疑问，也可以带孩子去看心理医生，防患于未然。

（二）外向型孩子的家庭养育

1. 外向型孩子的性格特点

外向型孩子的心理活动倾向于外部，经常表现出对外部事物的关心和兴趣，他们的感情外露，而且热情、开朗、活泼、好动；在行为上当机立断，不拘小节，善于发展与他人的关系，独立性相对比较强。具体表现在以下三个方面：

（1）在对事物的感知能力上。

外向型孩子的主动观察能力强，反应比较快，遇到问题能够主动询问和讨论。主观性比较强，情绪反应比较强烈。外向型孩子学习通常比较积极和主动，善于利用语言表达自己的内心感受，对于语言类的学科比较敏感，逻辑思维能力比较突出。

（2）在学习的方法上。

外向型孩子的性格比较爽朗大方，但也比较粗心大意。他的学习方法通常比较主观，喜欢利用自己的方式去学习，但有时候会过度相信自己的学习方法，从而导致学习效率低下。外向型孩子遇到困难喜欢主动向别人请教，不过也会有自己的思考。假如孩子属于外向型性格，父母要避免孩子遇到问题时自己不思考就随便问别人，要锻炼孩子的独立思考能力，给孩子独立思考的空间和时间，启发孩子掌握高效率的学习方法，避免孩子走入"自以为是"的怪圈。

（3）生活态度比较乐观、积极向上。

性格外向的人，在遇到困难和挫折的时候，往往会表现出比较积极和乐观的态度，而且能够很好地找到解决问题的方法，从而游刃有余地解决好事情。性格外向的人善于与别人沟通和交流，能够很快找到和别人沟通交流的正确方式，从而和别人更快地建立友谊。

2. 判断孩子性格外向的标准

标准一：爱说话、爱表达。

性格外向的孩子话语是较多的，优点是社交能力强，不压抑，不容易出现心理问题，但是凡事都有度，说的太多也会让人反感。

标准二：积极乐观。

性格外向的人在遇到困难和挫折的时候，往往持有比较积极和乐观的态度，这是孩子克服困难、战胜挫折的很好的心理保护屏障。当然，绝对的内向、外向的孩子越来越少，大部分孩子都是内外兼具，以其中一种为主。

标准三：善于沟通。

性格外向的人善于与别人沟通和交流，而且能够很快找到和别人沟通交流的正确方式，从而和别人更快地建立友谊，不过，过度"社牛"，容易被别人当成自来熟，遭人反感。

标准四：对自己的人生充满自信。

性格外向的孩子无论在学习上、在生活中，还是在各类情感中，都对自己充满信心。当然，适度自信有助于孩子发展，但是自信过头容易导致自负。这个尺度家长要把握好。

3. 外向型孩子的家庭养育方法

方法一：多提供与同伴交往的机会。

极度外向的孩子具有"超越常人"的社交能力，很有成为"风云人物"的潜质。这些孩子与一般人不同，他们有着超越常人的社交意识。不管他们让你多头疼，父母都要多看他们的优势，提供尽可能多的机会让这些孩子进行社交。比如多带他去孩子聚集的公共场所，也许他很快就能跟周围小朋友打成一片，甚至称兄道弟。很多研究都发现，一个孩子受欢迎的程度，并不一定和他在学校"遵守规矩"或者"听老师的话"有关，大部分学校的"风云人物"都是极度外向者。他们更擅长用幽默夸张的语言、表情和肢体动作来得到同伴的关注。例如，我们小时候一定经历过一些父母干涉我们交朋友的情况，父母经常严肃地告诫我们不要和某某某来往，他家有人爱打架或者他爱说谎，但父母这些话你真的会听吗？你当时是怎么跟你的好朋友熟起来的呢？你会在意他上课是否爱接下茬，站没站相坐没坐相吗？友情对孩子来说可能远比你想象的更重要。所以父母应该意识到如果你的孩子朋友不少，只是有一些"坐不住"，偶尔被学校找找家长，父母其实不用有太多担心，尤其是男孩子更不必担心。

方法二：正确对待外向型孩子。

外向型孩子，尤其是极度外向型孩子，很容易把情绪都写在脸上，父母、老师应该包容大度。在幼儿园里，老师们谈起比较内向的孩子，通常都会不自觉地怜悯心泛滥，总想去帮助他们更好地融入集体。可是换了那些极度外向、异常闹腾甚至有多动症倾向的孩子，态度却是180°大转弯，仿佛一下就没了耐心。说实话，这种戴着"有色眼镜"的"区别对待"真的有时候也是身不由己的，毕竟家长、老师除了和孩子相处外，在现实生活中还需要应对各种困难和挑战，和安静的孩子相比，闹腾的孩子需要家长和老师耗费大量的心神才能应对，这是一件相当辛苦的事情。某幼儿园老师小李也曾有过这样的经历，所以他会用一些小办法去逼迫自己，比如每天早上踏进班级前，给自己定一个小目标：今天必须记录某个"熊孩子"3件做得好的事情。强逼自己去关注孩子的优势，逐渐学会用欣赏和宽容的眼光看这些让老师头疼不已的孩子，才能让老师跟孩子相处时的态度和行为真正有所改变。慢慢地，你就会发现和"熊孩子们"打交道的好，他们特别直接和简单，做什么表情都特别"夸张"，情绪也往往非常高亢。高兴的时候，会"熊抱"到让你无法呼吸，而愤怒起来也是歇斯底里的，甚至扑上来抓你的眼镜。小李说老师们私下聊天，总会有老师抱怨，"这些孩子太容易兴奋了，感情自控力太差了"。小李这时候就特别替孩子们申辩，说这只是他们的一种强烈表达需求的方式，如果让他憋着，反而容易产生情感上的焦虑。所以在平时的生活点滴里，我们就要注意接纳他们的情感，同时给他们灌输要尊重别人的不同需求这种理念。作为家长、老师，我们需要让极度外向的孩子知道的是：他想要表达感受是非常正常的，并且也有利于他的健康，只是他的表达方式有时候欠妥当，应该换一种平静的方式来表达。也就是说，并不是不让他发怒，而是告诉他还有符合这个社会秩序，和其他人能接受的方式去表达自己的情感。比如你可以让他们尝试感受自己的心跳，或者给自己一些暂停时间。如果你此时此刻非常需要安静，可以直截了当地告诉孩子："妈妈现在想要单独待一会儿，没办法陪你。大概20分钟之后，我再陪你玩。"虽然这些极度外向的孩子可能因为你的拒绝而有些沮丧，但是他们同样需要知道，自己需要尊重别人独处或者安静的需求和空间。当然，当这些极度外向的孩子在情绪激动时表现出平静、理性和克制，家长也一定要及时给予表扬和奖励。

方法三：接纳外向型孩子开放式的学习方式。

极度外向型的孩子大多是"体验式"学习者，而不是传统意义上乖乖坐在那里学习的孩子。心理学研究也告诉我们，并不是所有孩子都只有坐得端正才能学习，不同特质的孩子，其学习方式的差异也很大。如果自己孩子不是那种能"坐得住"的类型（八成你也有过强掰但以失败告终的经历），你就得换一换思路，静下心来问问自己："难道老师和家长要求的就是对的吗？难道真的只有坐定才能学习吗？"其实，许多老师和家长也遇到过这样一些神奇案例，比如某些超级好动的孩子，在你眼里的他们上蹿下跳，没有一刻是消停的，但是讲故事，或者提问时，他经常会冷不丁地冒出一句，有时候说出的答案甚至震惊四座，一针见血。也没有任何学术研究说，孩子必须得"坐着"才能学习，这都是大人的一厢情愿。因此，在幼儿园阶段，如果你的孩子是那种极度外向者，鼓励家长和老师让孩子尽情地通过各种实验性或者体验性的方式去学习，而减少一板一眼的在小板凳上坐好，然后"我讲你听"的传统教学方式，这也是我们经常说的学习不拘泥于形式，只要孩子真正在学习即可。很多人会说，孩子大了自然就好了。这有一定道理，因为孩子的有意注意力、自控力都会随着神经系统发育成熟而得到增强，其实没有必要拔苗助长，没有必要提早去逼迫天性如此的孩子提前去遵循太过于刻板严格的学习规矩。当然，我们这里说的是天性如此的外向型孩子，而不是那种因为缺乏教养而没有规矩的"熊孩子"，这两者是有严格区分的，但同时家长也不要有太高的预期，认为外向型孩子上了小学一定就能脱胎换骨变成斯文安静的内向型孩子。

方法四：做好家校沟通。

当我们意识到自己孩子过于外向，可能会给老师的教学、管理带来一些麻烦和难题时，那么一定要提前找机会跟老师沟通这些信息，最好不要等到老师上门来找，不然就被动了。

方法五：培养外向型孩子后果意识。

外向型孩子在做事前的思考时间很少，一般想到什么就马上去做，从而导致他们做事质量不高还容易闯祸。所以，家有外向冲动的孩子，父母应多提醒他做事要三思而后行，多考虑后果，着重培养他的后果意识。后果意识对冲动型的孩子来说就是"减速带"，能让飞驰的他们在闯祸前暂停下来。

方法六：对外向型孩子加强规则教育。

对外向冲动的孩子来说，是非观和规则就是约束，他们讨厌被约束，他们更重视自己需求和情感的宣泄和满足。规则意识的培养和强化对这类孩子来说很重要。对外向型孩子进行规则教育能帮助他们适当约束自己的行为，更好地适应社会环境，完成各项任务，还能培养他们的思考能力。对孩子开展规则教育可以遵循从易到难的原则，先设立一些孩子稍微努力就可以遵守的规则，当他们完成后给予奖励或表扬，提高其参与兴趣，慢慢他们就会感受到尊重规则带来的快乐，然后再进行规则遵守的进阶教育。

方法七：对外向型孩子的批评要注意方式。

外向型孩子一般都比较淘气，容易惹事闯祸，因此挨批评的概率也比较高。父母在批评时要注意方式方法，就事论事，不要上升到道德层面，更不能进行人格否定，因为这些孩子犯错主要还是做事鲁莽、欠考虑，大多是外向的天性使然，并非道德品质败坏，所以家长要点到为止，注意语气和用词，不做道德评价和人身攻击。

第七章

社会
——用社会心理学帮助儿童成为"社会人"

所谓社会化，就是个体在与社会环境的相互作用中学会各种社会行为规范、价值观念和知识技能，成为独立的社会成员并适应社会的过程。人人都必须经历社会化，人人都必须完成社会化，否则就不是一个合格的社会公民。儿童的社会化从出生就开始了，也被称为儿童的社会性发展。儿童的社会化，是逐渐掌握社会的道德行为规范与社会行为技能，成长为"社会人"，并逐渐步入社会的过程。它是在个体与社会群体、儿童集体以及同伴的相互作用、相互影响的过程中实现的，以家庭和幼儿园为主要力量，母亲的作用尤其突出。作为社会化主体的儿童，具有可塑性大、基本不能控制社会化进程、由各种社会化力量构建其生活环境等特点，但并非处于完全被动地位，他们的种种反应在一定程度上调节着社会化的进程与方式。

　　儿童从出生起就是一张白纸，随着逐渐长大，他们需要走入社会、融入社会，成为真正的"社会人"。而成为一名合格的"社会人"，孩子必须经历社会化。当然，初入"社会"，孩子会有很多不适应和冲突，但这些都是在成长道路上必须要克服的，他将逐渐学习按照社会规范来理性思考和做事，将自己融入更大的社会中，与其他社会成员共享一种文化。

一 儿童社会化的意义

（一）社会性发展状况影响儿童的身心健康

　　良好的社会性发展能够有效促进儿童的身心健康。每个人的大脑都一直在接收各种外界信息。这些外界信息对人的情绪和情感不断产生影响，愉悦和积极的情绪情感能够有效地促进内分泌系统的平衡，让全身的腺体正常工作，促进儿童健康地生长和发育。同时社会性发展还能够对儿童的心智发展产生影响，如果儿童的社会性发展良好，他们的自控能力和适应能力会很强，也容易和别人相处，在情绪方面、心态方面都能够更加的积极。他们表现得更有毅力，承受打击的能力更好，在面对挫折时，他们能够勇于承担，努力克服。

（二）社会性发展是学前儿童社会交往和情感的需要

　　儿童从出生就开始了社会性发展。美国著名的心理学家把人类的需要分成生物性需要和社会性需要两种，其中的社会性需要就是与社会生活紧密联系的需求，如认知需求、劳动需求、交往需求等，其中很多都体现了儿童的情感需要和精神需要。而作为客观存在的人，其整个成长过程就是一个社会化发展的过程，在和人的交往中，个体就获得了社会性，取得了社会中的各种规范、知识体系、行为方式和价值取向等，并将其作为自己的行为准则，这些都是社会交往的需要。

（三）社会性发展是儿童认知发展的需求

儿童的兴趣是认知的源泉，在这个世界上，很多社会事物和社会现象都能够引起幼儿的兴趣。感知并认识这些社会现象和事物，儿童就和社会有了交流和沟通。但是儿童对社会的认知和成年人有着本质的区别，在儿童主体观念形成的过程中，不能让儿童简单地接受成年人的思想观念或直接进行社会规范和规则的记忆，而是要让他们对这些事物进行了解后，再做出自己的判断，以此来形成自我的认识，也就是孩子对社会规则、思想理念的内化。因此，越早进行儿童社会性发展的教育，越有利于培养儿童过硬的心理素质，从而有利于儿童在未来的激烈竞争中处于优势地位。

（四）社会性发展有利于儿童人格的全面发展

儿童人格的发展同样和社会性发展息息相关，古今中外，教育学家、心理学家一直都把儿童的社会性发展教育作为儿童教育的重点。如陶行知先生就指出，6 岁以前是培养人格的最佳时期。如果这个时期的教育做得好，那么以后的人格培养就会容易很多。法国的幼儿教育理念也认为幼儿教育要引导幼儿适应社会。让他们在和同伴玩耍的过程中充分认识自己和环境，然后学会控制自己的情绪，避免过度的情绪化，排除自身的攻击性，了解人际关系的处理方式，知道如何和别人进行合作，养成良好的生活习惯并建立良好的人际关系，从而塑造幼儿健全的人格。

二　儿童社会化的内容

（一）自我评价

2岁左右的孩子会进入一个自我意识爆棚期，人类意识基本成型，孩子会意识到自己是一个独立的个体，自己和别人是不一样的。他们会出现非常明显的行为特征，就是经常说"NO"，或者各种各样的唱反调，并不是别人的表达不好或者儿童自己有很好的理解，而仅仅是为了强调自我，表示他与别人不一样而已，如孩子常用的话语是"我要……""我不喜欢……"，大多数孩子5岁时都能进行自我评价了，如在幼儿园大班就能经常看到一群孩子疯跑，"啊啊啊我跑得最快""哈哈哈我最先跑到"，这就是5岁左右孩子的自我评价，这种现象在小班3~4岁孩子的身上就很少看到或者几乎没有。7岁之后，孩子能对自己进行更多评价了，但大部分都局限于对外部特征的描述，比如说"我很漂亮""我爱唱歌"等，对自己的性格等则没有更深的认识，不太可能说出"我很外向""我是社牛，善于社交"这样的话。这个阶段父母对他的评价尤为重要，儿童的自我评价内容大多是对父母或者别人评价内化的结果。所以，这一阶段父母应对孩子采取客观且积极的评价，使孩子形成良好的、健康的自我意识，增强自信心，这对孩子的成长十分重要。尤其不要与别人家的孩子盲目比较，作为父母我们应该意识到孩子正如花园里的每朵花，各有其风采，我们应该做的是激发孩子的潜能，扬长避短，把孩子的长板做得更长。

（二）情感发展

幼儿的情绪体验从与生理需要相联系的情绪体验（愉快、愤怒）向社会性情感体验（委屈、自尊、羞愧）不断深化。表现比较明显的有三点：一是在 3 岁左右就具备了自尊感，能从他人的评价和肢体语言、眼神中感受到自己是否被喜爱；二是对他人情绪更敏感，如看到别的孩子哭了会上前安慰、主动分享玩具等；三是 3 岁以上的幼儿还学会了隐藏自己的情绪，或是躲避惩罚，或是暗中抵抗父母。父母应帮助孩子建立起自尊感，不当众训斥和嘲笑，在孩子遇到困难时及时施以援手；在情感方面，教会孩子去识别自己和他人的情绪，并采取适当的行为去应对；教会孩子做情绪的主人，不过度压抑自己的负面情绪，并学会合理表达情绪。

（三）自我控制

孩子是否拥有自控能力，也就是"延迟满足"的能力，是对他们忍耐力、韧性的一种考验。自我控制能力是个体在没有外界监督的情况下，适当地控制、调节自己的行为，抑制冲动、延迟满足、坚持不懈地保证目标实现的一种综合能力，是意志力的表现，是我们自我意识的重要组成部分，是一个人走向成功的重要心理素质。所谓延迟满足，就是我们平常所说的"忍耐"，为了追求更大的目标，获得更大的享受，可以克服自己的欲望，放弃眼前的诱惑。延迟满足是孩子自我控制的表现之一，反映的是孩子在面临种种诱惑时，能否为更有价值的长远结果而控制自己的即时冲动，放弃即时满足的抉择取向以及在等待期中显示的自我控制能力。延迟满足不仅是孩子自我控制的重要技能，也是儿童社会化和情绪调节的重要部分，更是伴随人终身的、基本的、积极的人格因素，是儿童由幼稚走向成熟、由依赖走向独立的重要标志。延迟满足能力强的儿童，未来更容易发展出较强的社会竞争力、较高的工作和学习效率；具有较强的自信心，能更好地应付生活中的挫折、压力和困难；在追求自己的目标时，更能抵制住即刻满足的诱惑，而实现更长远的、更有价值的目标。关于延迟满足对孩子成功的影响力，心理学有个经典实验：实验者发给 4 岁被试儿童每人一颗好吃的软糖，同时告诉他们：如果马上吃，只能吃一颗；等 20 分钟后再吃，就能吃两颗。有的孩子急不可待，把糖马上吃掉了；而另一些孩子则耐住了性子，有的闭上眼睛或头枕双臂做睡觉状，有的用自言自语或唱歌来转移注意、消磨时光以克制自己的欲望，从而获得了更丰厚的回报。在美味的软糖面前，任何孩子都将经受考验。研究人员在十几年以后再考察当年那些孩子的表现，那些能够为获得更多的软糖而等待得更久的孩子要比那些缺乏耐心的孩子更容易获得成功，他们的学习成绩要相对好一些。在后来几十年的跟踪观察中，发现有耐心的孩子在事业上的表现也较为出色。也就是说，延迟满足能力越强，越容易取得成功。

自我控制能力强的孩子，能抵御住眼下不必要的诱惑，更好地为目标而奋斗。但需要注意的是这种自控是有年龄限制的，当然也有内容限制，例如，5 岁以下孩子的基本生理需求、情感需求要及时满足，这些涉及孩子基本生存需要、心理健康需要的满足并不适用延迟满足。延迟满足一般用于孩子非基本需求的满足，如吃零食、买贵重玩具、做游戏等。同时延迟满足也有一定的年龄限制，3 岁以下的低幼孩子因神经系统发育不成熟，自控力不足是正常现象，这是由孩子的生理和心理发育成熟度决定的，家长还是要尽量满足幼儿的基本生理需求，5 岁以上可以开始有意识地引导了，但也要循序渐进。

（四）性别认同

产生性别角色认同，并按照自己的性别角色去适应社会，这是儿童社会化进程中一个非常重要的环节。儿童想要被社会接纳和认可，就需要按照自己的性别特征去认知和生活。

2 岁左右，孩子就能清晰地认识到男女有别，等到 5~7 岁才能更加理解性别的含义。父母在此期间要做好辅助工作，很多性别认同障碍的发生，如易性别癖、同性恋等，都是童年时代性别教育缺失导致的。应满足幼儿的性别偏爱，如让男孩子玩小汽车、女孩子玩布娃娃等，不随意破坏孩子的性别意识。例如，有的宝妈给小男孩穿裙子，或一直喊女儿为"儿子"，孩子小还不具备分辨能力，这样时间长了很容易造成他们的性别认识偏差。父母细致耐心地陪伴教导，做好性别角色榜样，才不至于出现男孩"娘娘腔"、女孩"假小子"的现象。

（五）攻击行为

攻击行为又称侵犯行为，是对他人的敌视、伤害或破坏性行为。孩子在很小的时候会围绕玩具、零食展开抢夺大战，这时就会出现一些诸如推搡、拍打等的攻击行为。等到孩子再大一些，攻击行为便不再那么"幼稚"，而是升级迭代了，如会拉帮结伙孤立小伙伴、在言语上攻击别人、给他人起外号等。攻击行为和孩子的认知能力有关，此外，攻击行为特别强的孩子可能正在遭受家庭变故，父母对孩子漠不关心也会加剧其攻击行为。父母要对孩子的攻击行为有所警觉，教孩子学会分享和互助，对孩子的暴力行为要及时制止，必要时可求助于心理医生。给孩子提供和谐稳定的家庭氛围，夫妻之间和睦相处，不打骂孩子，让孩子在一个有爱的环境下长大，父母以身作则教会孩子非暴力的正确相处模式。

（六）道德规范

皮亚杰是第一个系统研究儿童道德认知问题的心理学家，他把儿童道德认知发展分为三个阶段：前道德阶段、他律道德阶段和自律道德阶段。前道德阶段的孩子还不具备是非观念，既不是道德的，也不是非道德的，他们更多地是以自身的利害关系来判断，甚至只是凭感觉；他律道德阶段，孩子会严格遵守规范，比如在幼儿园接受所有的规则，绝对服从，不懂变通；自律道德阶段要等到上了小学之后，此时孩子的道德认知才逐渐完善，能具备较为完备的是非观念了，懂得道德规范并将其内化成为自我遵守的规则，任何时候都能自我约束、自我遵守。幼儿的道德规范是逐渐发展和建立起来的，在初始阶段家长不要太心急，不要总以大人的道德观念来对孩子的行为进行判断，过早给孩子"贴标签"，而是要引导孩子的行为走向，等到大一些再向其灌输道德规范，并要求孩子严格遵守。

（七）亲密关系

儿童社会化过程中最重要的、影响力最深远的亲密关系主要有两种：亲子关系和同伴关系。亲子关系是指儿童早期与父母的情感关系，即依恋关系，早期的亲子关系（依恋关系）是儿童以后同他人建立关系的基础。从婴儿出生的第一声啼哭起，一个生命便开始了。此时，婴儿与母亲的生理联系就断开了，而精神联系则开始形成并日益加深。它伴随儿童长大、成熟直到生命尽头。心理学家发现在父母与孩子精神联系的背后，蕴藏着促进儿童心理发展的巨大力量。这种力量推动着幼小的个体无畏地去探索周围的世界，使儿童实现从一个无知的自然人到具有独立个性的"社会人"的转变。父母不但要为孩子提供心灵的安全基地，也要引导孩子习得文化、形成价值观、掌握社会规范。

在儿童社会化的进程中，同伴关系是在亲子关系外发展和建立起来的第一种"外部关系"，十分重要。随着语言的发展和孩子智慧化程度的提高，与同伴玩耍协作将成为必经的过程。他们不再单纯地依靠大人，开始跟同伴学习合作、责任、分享，并从中获取快乐。

父母要留意孩子与小伙伴之间的同伴关系变化，帮助孩子建立积极友好的互动模式，对同伴游戏中出现的问题和障碍要及时解决，提升孩子的人际交往能力，促进孩子充分社会化。

三　母爱是为了分离的爱

　　著名作家高尔基曾说过，爱孩子这是母鸡也会做的事，但要善于教育他们，这就是国家的一件大事了，这需要才能和渊博的生活知识！英国著名心理学家西尔维亚认为，这个世界上所有的爱都以聚合为最终目的，只有一种爱以分离为目的，那就是父母对孩子的爱，父母真正成功的爱，就是让孩子尽早作为一个独立的个体，从你的生命中分离出去，这种分离越早，你就越成功。在动物世界里，所有母亲在孩子该自立的时候都会把它们赶出家门，让它们独立生活，其目的就是让孩子真正地长大，开辟自己的生活。人类亦如此：一般从婴儿呱呱落地开始，剪断脐带，这是孩子与母体的第一次分离；断奶是孩子和母亲第一次精神上的分离；和妈妈分床；3 岁上幼儿园；6 岁读小学；初中、高中住校；18 岁孩子成人到另外一个城市读大学，甚至出国留学；完成学业后，孩子开始工作，拥有自己的事业；成家。这就是孩子一步步离开父母走向成熟、自立的过程，在这个过程中，母亲是以老母鸡护崽的心态把孩子护佑在自己的臂弯里，还是以开放的心态鼓励孩子追求自我，对孩子的健康成长至关重要。我们发现，大多出现环境适应障碍的孩子都能从童年期妈妈的养育方式找到根源。

例1：一个女孩十分害怕蜘蛛，而且她交往过许多男友，但都不能长久，无一例外。心理医生观察了解后发现这个女孩有个掌控欲极强的母亲，只有让她脱离了母亲的掌控，治疗才可能进行。于是医生要求女孩搬离父母家，但马上就遇到了阻碍：一方面女孩没有勇气，另一方面是她的母亲百般阻挠，母亲完全离不开女儿。随着治疗的进行，女孩慢慢学会了独立，她开始忍受不了母亲的操控，一次治疗后女孩抱怨："她（母亲）真像只蜘蛛。"那一刻，她终于意识到自己为何极端恐惧蜘蛛了。故事还没结束，最后，她还意识到在母亲的影响下，自己也变成了一只"蜘蛛"，总是无意识地想要占有操控男友……尽管她找到了自己的病因，但是她还需要漫长的治疗才能康复。可见，如果父母与子女没有很好地完成分离，那么双方都将呈现病态。

例2：某公司人事经理王先生曾经遭遇这么一件事：一天，他在面试求职者时，发现一位大学生竟然带着妈妈一起来面试，这个男生22岁，身高一米八多，看起来又高又壮，但性格却格外腼腆，始终低着头，不敢正视王先生。整个面试过程都是妈妈在代替男生抢着回答问题，为孩子递简历、推荐自己孩子，王先生非常吃惊也很无奈，只能匆匆忙忙结束了这次面试。

大多数母亲都喜欢在孩子努力把事情做好的时候费尽心力去帮助孩子，这其实是孩子发展时期最大的障碍。如在两三岁孩子学习整理床铺、自己穿脱衣服的时候，妈妈们往往会越俎代庖，有的妈妈甚至会抱怨说："我不帮她做，她就做不好、做得又慢，耽误上幼儿园怎么办？"殊不知，妈妈这样做就等于变相剥夺了孩子自主权，让孩子既体会不到学习的辛苦、操劳，也体会不到成功后的喜悦和成就感。其实，为了不和早上上学时间相冲突，我们可以把穿衣、洗漱的练习放在晚上睡觉前进行。在这里，我们要坚持的是孩子学习的时间、地点、方式可以变通，但是孩子学习的目标、任务不可以变通。还有的妈妈喜欢保持家里环境整洁有序和物品完整，不太喜欢孩子随便翻动、使用家里的物品，就会给孩子设立很多规矩，告诉孩子不能打破、弄脏家里的东西，这样不能碰、那样不能弄，这样就导致孩子没有机会练习控制自己的身体、不能学习使用日常生活用品、不能遵循好奇心去探索新鲜事物，孩子的好奇心、想象力、创造力和成就感就这样被无情剥夺了。所以，想让孩子健康成长，妈妈们就要给孩子提供一个适应孩子年龄、释放孩子精力同时又配合他们心理发展的家庭环境和氛围，给孩子足够的尊重与自由，让孩子释放天性，在玩耍嬉闹、奔跑探索中自在成长，这样的孩子将来才会大有作为。

需要强调的是，给孩子充分自由并不是无法无天，任何自由都是相对的，要坚持几个原则：

首先，要确保安全，在安全的前提下让孩子自由玩耍。如夏天不允许在没有大人看护的情况下下河游泳、大人不在场时不允许随便使用家里燃气灶等，孩子们在室内或户外玩耍游戏时，妈妈不要轻易打断和干预，但要在一边暗中照护，做到外松内紧，一旦发现孩子的游戏存在安全隐患，要立即制止，并交代正确的处理方法，督促其采用。如孩子玩"过家家"游戏，跑到厨房扮演妈妈做早饭，家长发现孩子真的准备打开家里的煤气灶，一定要及时制止并交代正确的使用方法。

其次，孩子在游戏活动中出现严重暴力攻击行为、严重错误时要立即制止，并帮助解决。如孩子在分配玩具、游戏角色食物的过程中出现攻击行为和语言暴力时，家长要制止并帮助协调和解决，孩子在社交中出现的一般性问题则尽量让孩子自己去沟通处理并解决，孩子的协调沟通能力、组织管理能力、语言表达能力也就是我们常说的情商就在这一次次与小伙伴的游戏活动中得到了锻炼提高。

再次，对孩子成长过程中犯的错误要有正确态度。事前做好孩子犯错的预防教育，如安全教育、法制教育、规则纪律教育，和孩子共同协商找出避免犯错误的方法，尽量避免孩子犯错误。当孩子已经犯下错误时，要在孩子无助时提供力所能及的帮助，让孩子明白自己遇到困难一定要第一时间求助父母，父母肯定是他的安全港湾，这样孩子即使遇到超出能力范围的困难也不会憋闷在心里让自己抑郁，更不会求助于社会上的不良伙伴而走向歧途。最关键的是在问题解决后要带孩子及时总结经验教训，帮助孩子成长，以防在同一个问题上重复犯错。

最后，请每一位妈妈学做"优秀妈妈"。我们这里说的优秀妈妈不是凡事为孩子包办代劳的妈妈，而是告知孩子生活的经验，激励孩子独自去感受、去尝试、去总结的妈妈。这样做无论对孩子的成长还是对维系良好的亲子关系都大有裨益。即使孩子第一二次不听你的话，但是当他吃了生活的亏以后自然会对你产生敬佩之情，你在孩子心中的威望也会与日俱增。这就是为什么我们老话说"妈懒儿勤快"。我们看到很多善于示弱的"懒"妈妈，她的孩子总是又勤快又能干又懂事，而凡事包办代劳的妈妈又累又不讨孩子的欢喜，所以请各位妈妈记住，孩子的内驱力才是孩子自身发展的永动机。

四 帮助孩子尽早学习社会规则

俗话说："没有规矩，不成方圆。"我们知道：规则和秩序是社会公共生活的基本准则，没有这些规则和秩序，任何社会活动都无法正常开展。一般来说，规则有两种形式：一是约定俗成，没有明文规定的。它是人们在长期公共生活中形成的道德要求和行为习惯，被人们共同认可和遵守。如购物、乘车时排队，在高铁、公共汽车、图书馆等公共空间不大声喧哗等。二是明文规定，有法可依的。这些规则通常具有一定强制性，有些甚至以国家法律法规为制定依据，包括社会公共生活中的公约、规章制度、纪律等。例如，乘坐高铁、民航飞机的交通规则、公园游园须知、学生守则等。

按规则办事、遵守规则是一个保障社会正常运行的基本规则。如果人们只从自身利益出发，不遵守规则或者只遵守对自己有利的规则，那么这个世界将永无宁日。没有经过有意规则培养的孩子大部分都缺乏规则意识。这类孩子头脑中或完全没有规则意识，或规则意识淡薄，他们不知道应该做什么、不该做什么。有的孩子虽然有一定的规则意识，但缺乏控制能力，也会导致规则无法执行或执行有限。这就需要家长来培养孩子的规则意识。2~6岁正是孩子培养和初步体验规则的黄金时期，如果没有及时培养孩子的规则意识，孩子将来的社会生活就会大受影响。那么，我们该如何着手培养孩子的规则意识呢？首先要制定规则，除了社会上已经约定俗成的规则，还要和孩子共同协商制定涉及孩子养育事务、关系孩子切身利益的家庭规则。

（一）如何制定家庭教育规则

首先，要尊重孩子。如制定规则时要和孩子协商，为何要制定规则，规则允许什么、不允许什么，违反时要承担什么后果，并允许孩子对这些内容表达自己的感受或意见。同时，当孩子违反了规则或破坏了纪律时，父母不应简单用惩罚了事，而要耐心倾听孩子的解释，找出违反规则的原因，予以纠正，让孩子心服口服，下不为例。当孩子做错事后，可以实施一定的惩罚，但惩罚不是目的，在惩罚前一定要告诉孩子错在了哪里，什么才是对的，并告诉孩子为什么，这样孩子才会真正地提高。

其次，规则要有稳定性，执行规则要有坚定性。规则通常是用来遵守的，应该是恒定的，不能变来变去。昨天一个样，今天一个样，后天又是一个样，朝令夕改，这样的规则会让孩子不知所措，无法应对。同时，父母双方在规则面前应该保持一致，而不是彼此对立或冲突，这样就无法给孩子提供在父母间钻空子的空间，就能更好地约束孩子遵守规则。

再次，强调家人间的彼此合作，这样规则才能得到切实地执行。合作之一是父母彼此之间的合作，父母给孩子制定的规则要能达成共识，而不是彼此反对。合作之二是父母与孩子之间在规则上能达成共识，这就要求父母在制定规则时能够和孩子商量，允许孩子表达不同意见；在孩子违反规则时，父母也能够倾听孩子表达或解释，然后根据孩子的解释做出判断。要将孩子能力不济或者规则理解偏差以及疏忽大意导致的过失违反规则和为满足私欲故意违反规则的行为严格区分开来，并分类处理，前者以说服教育、加强培训为主，后者就会涉及适当教育处罚，如对于孩子在高铁上疯玩打闹影响其他乘客不听劝阻的行为，回家可以以减少本周零花钱、扣减上网玩游戏时间的方式予以处罚。

最后，规则要具有适应性。适应性有两个方面的内容：一是所有的规则都是指向满足孩子成长的需要，而不是为了满足孩子的控制需要或不安全需要，如规定孩子吃糖果、喝奶茶、可乐等饮料的次数和数量，目的不是控制约束孩子，要给孩子讲清楚糖果过量对牙齿的危害，可乐、奶茶对孩子生长发育的负面影响；二是规则要随着孩子的成长和发展不断调整，而不是将一个规则用到孩子的所有发展阶段。在孩子成长的不同阶段，对同一内容的规则和纪律需要不断地调整。例如，孩子上床睡觉的时间要随着年龄的增长而不断地推迟，直到最后完全交由孩子个人管理。笔者孩子在读小学四年级以前都是晚上 9 点钟上床睡觉，周末可以延迟到 10 点，四年级以后睡觉时间延迟到 9 点 30 分，周末延迟到 10 点 30 分，初中住校以后就按照学校的作息要求来遵守了。

（二）培养孩子规则意识的方法

1. 让孩子做有限的选择

有限选择的方法对孩子的规则培养非常有效。例如，中午时分，几个孩子还在车厢里疯跑打闹，引起其他正在午休的乘客反感，如果你想让孩子不在车厢里跑来跑去，就应该让孩子选择现在是看书还是画画，而不是"现在我们来做什么"。漫无边际的选择会把幼儿推到无法控制的规则之外，那么孩子可能回答的是"现在我想下车买吃的"，这明显是不可能实现的事情，这样把自己搞得很尴尬，有被孩子将了一军的感觉。把孩子必须要做到的事定为规则，在这个范围内给孩子几个可选择的方向，这样不论孩子选择什么，他的行为都在规则之中，自然而然能够接受规则。例如，从笔者孩子读初中开始，报所有兴趣班笔者都尊重她的决定，我会把培训班培训资料带回家，告诉她："马上要到暑假了，你觉得你哪一科比较没有把握需要加强一下？"把选择权交给她，孩子总是会根据自己的实际学习状况以及学校放假时间告诉我她的决定，这样报的培训班孩子上课也很认真、投入、高效，因为是她自己选择的，孩子感受到了被尊重，对抗意识基本不存在。

2. 家长做好孩子的榜样

孩子对社会规范的兴趣是从模仿大人的行为开始的，孩子不仅会学习成人表面的行为，还常常以成人的姿态自居，追求"公平"和"平等"。这就要求身为父母的我们做好榜样，在生活中和工作中引领孩子遵守规则。身教重于言教、正人先正己就是这个道理。

3. 有意识地在家庭中融入社会规范引导和教育

例如，收到别人赠送的礼物或得到别人的帮助时要说"谢谢"，见到客人要主动打招呼，没有征得别人同意不随便拿或玩别人的东西，垃圾要扔进垃圾箱等。帮助孩子有效地社交，做到懂规矩、懂礼貌。

4. 父母要温和而坚定地坚持原则

父母要尊重孩子的行为和想法，但对一些原则性问题，要采取温和而坚定的态度：既不打骂、指责，也绝不纵容、姑息，而是温和地告诉孩子正确的做法，坚持几次以后，孩子会明白父母的底线是不可以突破的，也就从内心接受了这样的规则。

5. 不妨适当采用自然后果惩罚法

规则意识还需付出一定的代价才能使幼儿从他律到自律。适当地让孩子接受一些惩罚，是非常必要的，这种方法要有一定的限度，还要与说理引导相结合，要让孩子感受到父母的爱意。晓之以理、动之以情，再加上示之以不同后果，就能使孩子慢慢感悟，变得懂事起来。如孩子早上经常赖床，穿衣、吃饭磨蹭，家长教育无效甚至出现孩子不急家长急这种情况，上学、上课是孩子自己的事情，孩子没有责任感肯定是不妥当的。其实家长可以任由孩子迟到甚至旷课的后果发生一两次，然后家长和老师沟通好让老师帮着好好教育，让他自行承受学校和老师给予的处罚，这比讲大道理更有效。又如有的孩子课堂常规不好，在课上坐不住，不注意听讲，家长可以配合老师，让孩子每天在完成学习任务之后，静静地坐 10 分钟，练习集中注意力，反思自己这一天的课堂常规表现。然后家长和孩子交流，及时肯定孩子坐得好，要求孩子每天上课时就要这样集中注意力听讲。家长可配以《科学家小故事》的讲解，引导孩子学习科学家们小时候专心学习的态度和精神。当然，坚持一个原则：惩罚不是目的，教育才是目的。

6. 培养执行规则的技能

有时孩子具备了一定的规则意识，但仍会时常违规。如有时"起个大早，却赶了个晚集"，并非孩子故意拖拉，而是穿衣、洗漱等动作太慢，不得要领。既然问题不是出在孩子态度上，而是出在技能不足上，家长就要教孩子补齐技能短板，教会做事的方法，培养孩子的自理能力，寻找又快又好的做事方法和规律，提高孩子的生活技能。例如，笔者家小朋友读小学一年级时（6岁）用不好筷子，导致吃饭时间慢，早上上学很容易迟到，且中午在学校搭伙吃饭时饭菜撒一桌引起别的小朋友嘲笑。为了解决这个问题，笔者在家里带着孩子玩筷子夹玻璃弹珠的游戏，很快孩子就能很好地使用筷子了，再也没有因为这个问题而上课迟到了。

7. 鼓励孩子做一些力所能及的家务劳动

当孩子主动愿意做一些家务时，即使孩子因为年龄和经验所限做的效果不理想，甚至速度很慢，完全不及家长自己所做的效率，家长还是不要打击孩子的积极性，因为没有谁不经过由不会到会、由不懂到懂的过程就能轻易成功。同时还要给予鼓励，帮助他发展这种做事的想法和能力，把一些力所能及的家务交给孩子来做，让孩子形成初步社会规范意识和家庭责任感，逐步提高做家务的技能和意识。

8. 创设丰富而适宜的社会性环境

孩子的社会规范意识和社交能力都是在实际应用中完成的。因此，我们可以让孩子与更多小朋友交往，尤其是做游戏，这是一种寓教于乐的习得社会规范的有趣活动，在与同龄孩子的交往活动中学到合作、谦让、协作等社会性技能，或多参加聚会、参观、演出、旅游等社会活动，建立日常礼节与社会规范意识，这比什么书本知识、课堂教育所发挥的作用都明显。

 关于孩子的挫折教育

不少父母认为，孩子年龄小，心理承受能力差，只能接受良好的环境，让孩子在快乐和一帆风顺中成长，而挫折只能给孩子带来痛苦和紧张的情绪体验，百害而无一利，所以尽量进行人工干预，将孩子与挫折、失败、痛苦等隔绝，无形之中就把孩子培养成了"说不得""碰不得"的"瓷娃娃"。其实凡事都有两面性，大量心理学研究发现，让孩子适当遭受一些挫折对孩子的成长和发展是很有好处的，作为孩子养育者的父母应该正确认识挫折的教育价值，把它看成磨炼意志、提高适应力和竞争力的有力武器。

在心理学上，有一个"跨栏定律"，是外科医生阿费列德在医学解剖过程中发现的。他发现人体内患病的器官，并非想象的那么糟，相反，还会比正常器官的机能更强大。假如人体中有两个发挥同样作用的器官，当其中一个器官生病，另一个就会变得更强壮，并承担起全部的任务，这种现象就可以用跨栏定律解释。竖在面前的栏杆越高，你跳得也就越高，这就是跨栏定律。按照跨栏定律，我们可以解释生活的许多现象，比如盲人的听觉、触觉、嗅觉都要比一般人灵敏，独臂人比一般人平衡感更强，双脚更灵活，所有这一切，仿佛都是上帝给你关上一扇门，又给你打开一扇窗，按照这个定律，孩子遭遇的挫折越多，成长也就越快。

挫折教育是指让受教育者在受教育的过程中遭受挫折，从而激发受教育者的潜能，以达到使受教育者切实掌握知识并增强抗挫折能力的目的。在教育过程中，对受教育者进行挫折教育是非常有必要的。许多到达光辉顶点的人往往不是最聪明的人，而是那些在生活中遭受过挫折的人，这是因为那些自认为聪明的人往往会选择走一些所谓的"捷径"，这些所谓的"捷径"会使人失去一些非常有意义的锻炼机会；而那些生活在逆境中饱经风霜的人，才更能深刻理解什么叫成功。因此，在家庭教育中，对孩子进行挫折教育是锻炼提高孩子潜能的一种有效方法。

但是，让孩子多经历挫折就是挫折教育吗？当孩子经历挫折的时候，家长应该怎么做才是挫折教育？正确的挫折教育方法又是怎样的呢？

场景1：晚饭后，奶奶带着一岁半的小虎在小区遛弯，小虎挣扎着要下来自己走，可小虎刚走了几步，就不小心被一块石头绊倒了，小虎哇哇大哭起来，奶奶急忙把小虎抱起来，对着石头一阵猛踢，然后骂道："你这个坏石头，为什么要挡住我家小虎的路，都是你的错，打你！打你！"说完，奶奶抱着小虎回家了。这样的处理方式会让小虎认为将来再遇到困难和挫折都是别人的问题，他会绕道走。

场景2：有天傍晚，晚饭后，有个叫珠珠的小女孩在小区院子里和同小区其他小朋友玩捉迷藏，但是玩过几轮以后，她妈妈发现珠珠总是能够很轻易地被其他小朋友找到，而珠珠找别的小朋友却要花很长时间，甚至还有几个藏起来的小朋友珠珠怎么找都找不到。

珠珠很气馁，差点哭起来，坐到一边开始拒绝再玩捉迷藏游戏。妈妈发现了悄悄走过去，问珠珠："你怎么不愿意和其他小朋友一起玩了呀？"珠珠说："我总是找不到其他小朋友，而其他小朋友总是很容易就找到我，这个游戏我不会玩。"看着珠珠委屈的小眼神，妈妈很心疼，蹲下来拉着孩子的手说："珠珠，刚才不是和大家玩得很开心吗？玩游戏最重要的是开心。现在，我们遇到了一点困难，没关系，我们就面对这个困难，我们去解决它就好了。不管结果如何，你都要知道，妈妈始终都在你身边帮助你，好不好？"话一说完，珠珠立马站起来，拍拍屁股上的灰，又重新加入捉迷藏的游戏中了。在今后的捉迷藏游戏中，不管珠珠是否能够找到其他小朋友，相信她都会很快乐。

以上两个场景告诉我们，孩子在成长过程中无可避免地会遇到各种各样的挫折，回避挫折对孩子过度保护有百害而无一利。作为老师和家长，我们肩负着对孩子进行挫折教育的重担。挫折教育对孩子一生的成长具有至关重要的作用，从小对孩子进行挫折教育是必要的也是必需的。父母对孩子进行"耐挫"能力的培养是有远见地爱孩子。生活不是理想中的世界，生活中充满失败与挫折，家长应该让孩子从小就懂得这一点，并有意识培养他们在失败与挫折中继续奋进的勇气。家长可以通过古今中外许多历史人物或现代成功名人的例子，让孩子知道失败并不可怕，可怕的是一蹶不振和永远地放弃自我。要让孩子明白，失败并不可耻，只要肯努力，总会有成功的那一天。家长教育孩子要坦然面对挫折，把挫折看作前进道路上必经的关口，从而增强心理的韧性。

（一）引导孩子正确认识失败、挫折

当孩子面临困难时，家长要让孩子直观地了解事物的发展过程，逐步从反复的体验中认识到挫折的普遍性和客观性，从而真切地感受到要做好任何事情都会遇到困难，成功的喜悦恰恰来自问题的解决。对外界刺激做出反应的过程，就是一个不断学习的过程，在这个过程中由于得到了不断强化，孩子的心理过程就会逐步从被动转变为主动，从而产生一种稳定的、积极向上的心态。

失败和挫折本身并不可怕，关键是如何对待它们。如果以正确、积极的态度来看，它们就可能成为孩子前进的动力。反之，则可能使孩子产生一些消极的心理效应，甚至对他们的心理发展造成不良影响。首先，不能正确对待失败会导致一些孩子不愿再去干某件认为可能会失败的事情或参加某个会失败的活动。每个孩子都渴望体验成功，失败常常使孩子怀疑自己的能力，对失败产生恐惧，害怕再次尝试，于是孩子选择只去参加或从事那些预料能成功的活动或事情。其次，不能正确对待失败会导致孩子出现消极的自我评价，轻视自己的能力，认为自己"笨""不行"，以致在未顺利完成任务、实现目标前心里没底。

我们经常看到这样的情景：孩子在学步时摔倒了，哇哇大哭起来，有的家长会心疼地抱起孩子，还非常滑稽地把石头批评一番，说是石头的错。这样一来，孩子很容易形成"摔倒就等人扶"的依赖心理。而明智的家长遇到同样的情形则不会去扶孩子，而是鼓励他自己站起来，再去行走……很显然，让孩子在学习走路的过程中亲自感受困难，引导孩子以正确的心态看待跌倒，并为克服困难做出自己的努力，孩子才会最终学会走路。孩子在接触外界事物和学习知识时，的确离不开成人的帮助，但如果这种帮助变成了代替，久而久之，孩子就会缺乏克服困难的心理体验，一旦受到挫折、达不到预期目标就会产生依赖和畏惧情绪，造成学习障碍。

（二）利用和创设困难情景，提高孩子的耐挫力

美国教育家杜威指出，"教育即生活"。家长必须把挫折教育与幼儿眼前的生活融合为"从做中学"。在幼儿的生活、学习活动中，家长可以随机利用现实情景，或模拟日常生活中出现的难题，让幼儿开动脑筋，根据已有的生活经验，经过自己的努力克服困难、完成任务。例如，尽管2~3岁的孩子生活自理能力较差，但是也到了该学习系鞋带的年龄了，我们作为家长开始有意识地把孩子的鞋从粘扣款改为系鞋带的款式，孩子看着新鞋发现自己不会系鞋带，他们首先想到的是让家长帮忙。为了培养他们的自理能力，我们可以帮他系一次，并让他学习我们是怎样系的，但是第二次我们就不应再帮忙，而是让孩子自己动手，如果孩子的确有困难就再指导一下。孩子在经历了由不会到会，由别人帮助到自己完成的过程后，心理上会得到一种满足，产生自豪感、成就感，同时，这也锻炼了孩子的生活自理能力。苏格拉底对待打破玻璃的孩子的做法是：让犯错误的孩子独自待在房子中，让其体验寒冷、体验孤独，使其发现自己的错误，继而改正，这就是自然后果惩罚法。挫折教育也应让孩子在体验中学会克服困难、战胜挫折。心理学的研究也表明，个体

通过亲身经历而获得的信息在大脑皮层的痕迹要深，保持的时间要长。幼儿的活动范围有限，我们家长应创造适当的环境和条件让孩子经历困难与挫折，如让孩子参加体育锻炼（晨跑、远足等），多让孩子接触大自然，使他们适应大自然。通过与大自然的决斗，使孩子经受风霜雪雨和困难的考验，让孩子在自然环境中接受挫折教育。成人还可以创设一些情境，例如：把孩子喜爱的玩具藏起来让孩子寻找，让孩子到黑暗的地方取东西，玩游戏时引导孩子爬"黑道"走"勇敢者"的道路。此外，平时有意识地拒绝孩子的一些不合理要求，把孩子爱吃的东西分给他人吃，在孩子和小朋友发生矛盾时让他自己解决等。家长应大胆地放下"保护伞"，让孩子自由健康地发展。孩子自己能做到的事情，家长应该放手让他们去做，多让孩子体验必要的挫折、经历失败、吃一些"苦头"。

（三）利用榜样示范作用开展教育，增强孩子的抗挫折能力

孩子最喜欢模仿，也容易接受暗示。在挫折教育方面，身教胜于言教。因此，家长碰到困难和挫折时，一定要冷静、勇敢。如在日常生活中，常常会遇到孩子摔伤、擦伤等情况。这时，我们应尽可能平静地对孩子说："不要担心，我带你到医生那里包扎一下好了，下次注意一点就行了。"或者说："没关系，很快就会好的。"成人这样的行为就是给孩子很好的暗示，使孩子自然而然地学会坦然地对待挫折，勇敢地面对未来。孔子说"三人行，必有我师焉"，同伴也可以是孩子的"小老师"，妈妈要抓住同伴的良好行为树立榜样，

增强孩子的抗挫折能力。例如，有些孩子不敢走平衡木，妈妈可以在旁边鼓励说："别怕，你能行！"或者说："你可以像某某小朋友一样勇敢，妈妈相信你！"在榜样的影响下，孩子会树立信心，努力去克服困难。当战胜困难后，妈妈的"你真行"就会变成幼儿心理上的"我真行"。

（四）丰富知识，积累经验，提高孩子对挫折的承受力

孩子的抗挫能力是随着知识、经验的积累和各种能力的提高而增长的，一个人知识贫乏，掌握的信息量少，就不可能面对突如其来的各种困难和挫折。所以，我们要扩大孩子的知识面，提高其自理能力、学习能力、解决问题的能力和人际交往的能力。要为孩子提供适合的读物和视听材料，提供各种向大自然和社会学习的机会，多带孩子到大自然中跋山涉水、走进乡村、步入工厂，体验劳动的艰辛，引导孩子学会自己的事情自己做，学会自己照顾自己，并从刷牙、洗脸、穿衣、洗手帕、收拾玩具等小事做起。

除了平时让孩子自己的事情自己做以外，对孩子自己能够解决的问题，家长尽量不要插手，不要人为地去排除一些必要的挫折。如跌倒了，让他自己爬起来；自己的玩具不见了，就要求他自己去找；上幼儿园时尽量让他自己走，不要大人抱等。笔者的孩子在2岁以后都自己走路，路程远让孩子休息休息再走，两三岁以后基本没有让父母抱着走过，当然家长及时的鼓励和表扬也让孩子很受用，独立行走意志高涨。当然，让孩子经历挫折并不是对超出孩子解决

能力范围的挫折和困难不管不顾，当孩子遇到失败时，家长和教师要给予其语言和态度上的关心、鼓励和支持，不能对孩子的挫折不屑一顾，置之不理，更不能不分青红皂白地斥责和埋怨。孩子完不成的任务、做不好的事情、比赛没得奖等，家长和教师要耐心地帮助分析原因，共同协商找出解决问题的最好办法，使孩子逐渐形成对待挫折的积极态度和正确的行为方式。我们要帮助孩子在失败中积累有用的经验，使他们一步步独立地走出逆境。

关于挫折教育，还要强调一点，家长对孩子的任何教育都是一个缓慢的过程，挫折教育也是如此，不可能一蹴而就。大量心理学研究表明，孩子的挫折教育从出生后就开始了，每个阶段父母都应该积极地与孩子建立健康的亲子关系，让孩子对父母产生信任感，为与孩子挫折教育中的沟通打下基础，而不是哪天妈妈想起来就进行一下，没有想起来就算了，时断时续反而让孩子不能严肃地去看待这个事情，达不到应有的教育效果。

六　建立良好的同伴关系

在孩提时代跟同龄人建立的社交关系也可以称之为同伴关系，此时的人际交往并没有成年人那么复杂，不涉及利益关系，却能够给孩子带来诸多方面的影响。然而，随着都市化、小家庭化、玩具精致化，孩童的社会性游戏已大幅减少，又因为少子化以及父母采取过度保护，孩子与玩伴自然互动的机会日益不足，形成当代教养下一代的新兴困局——玩伴危机。交往是儿童的基本需要，1 个月的婴儿就会对其他婴儿表现出兴趣。6 个月的宝宝就可以和同伴互动，微笑、打手势、递玩具、说谁也听不懂的话（婴语），4~5 岁的孩子更喜欢和同龄的小伙伴玩而不是每天缠着家长。交往给予孩子归属感，孩子们希望自己被同伴、教师认同和接纳。幼儿园的一个重要作用，就是为孩子交朋友提供了很好的环境和氛围。交朋友对孩子成长好处多多，大量研究表明同伴交往会促进孩子社会性、认知、语言、运动能力的全面发展。美国哈佛大学教授加德纳指出：人际交往是人的一种基本智能，包含了组织协调能力、分析能力、人际联系能力等多种能力。孩子和同伴交往的能力与孩子的智力、语言表达能力、分析推理能力等密切相关且互相促进。儿童心理学家发现，同伴对儿童的发展甚至能起到比父母更重要的作用。哈佛大学曾经做了一项研究，选择了 700 多个 2~5 岁的孩子作为跟踪调查对象，了解他们在幼儿园时期的社交能力，等 20 年之后查看他们的状况，结果发现在幼儿时期就具备了一定交往能力、拥有良好同伴关系的孩子，成年之后在人际关系、自尊和心理健康等方面的表现更加出色。

（一）良好的同伴关系带来的益处

1. 伙伴可以成为发展进步的参照对象

当孩子有了小伙伴之后，行为、思想都会受到对方的影响，常常出现效仿的现象，如看到自己的好友英文比自己好，也会想要跟对方做得一样好，从而拥有了学习的动力。

2. 缓解负面的情绪

当孩子面对一种陌生的情景，心里难免会有些紧张，从而出现负面的情绪，如果此时有小伙伴在身边，就可以给予精神力量。比如当孩子刚刚入学，如果发现周围全都是陌生人就会有些胆怯，可是如果有熟悉的小伙伴跟自己在一起，仿佛就有了情感寄托。

3. 性格变得开朗

很多孩子被家长过度保护，除了幼儿园、学校之外，几乎待在家里，活动范围狭窄、交往对象单一，逐渐性格就会变得偏内向，经常会有孤独的感觉。如果有了伙伴，可以一起讨论大人不理解或不感兴趣的话题，也可以在需要的时候相互帮助，学会分享物品和心事，逐渐让孩子的性格变得越来越阳光。

4. 开阔视野、收获新知

受到家庭条件和父母教育方式等因素影响，孩子日常接触的知识量是有限的，如果可以拥有更大的社交圈子，就能够从他们的口中了解更多自己不知道的东西。比如跟家人旅行归来，会跟自己的伙伴分享路上的见闻，从而使大家对外面的世界有了更多认识。

有些家长的掌控欲比较强，虽然不排斥孩子交朋友，但是也会有各种担忧。如怕他们交到不好的朋友，逐渐学到了一些坏的行为习惯，这种情况也确实存在，但是家长不能因此而干涉孩子社交。家长应该帮助孩子实现对伙伴的筛选而不是粗暴禁止孩子交朋友，家长应该想办法成为孩子培养良好伙伴关系的助手而不是障碍。

（二）帮助孩子建立良好同伴关系的小妙招

1. 建立良好的亲子依恋关系

亲子依恋是指孩子与主要抚养者之间建立起来的紧密的情感连接。良好的依恋关系有益于孩子的同伴交往。一般来说，孩子更愿意跟妈妈建立这种亲密关系。建立亲子依恋关系的关键时期是 3 岁以前，家长要格外关注与孩子的互动方式，对孩子的信号给予及时的解读和恰当的应对，妈妈要经常抱抱孩子，给予孩子热烈的爱；爸爸也要经常陪孩子玩耍，陪孩子做游戏、玩玩具。良好的亲子依恋关系会让孩子对这个世界产生足够的安全感、信任感，也有助于孩子良好同伴关系的建立。

2. 为孩子创造与同伴一起玩耍的条件

现代家庭都比较独立，尤其在大都市里，每个家庭都住在比较封闭的单元楼里，孩子们缺少一起玩的环境。因此，家长需要创造一些条件让孩子尽可能多地跟其他小朋友一起玩耍。从 2 岁开始，孩子们之间会开始有互动，孩子会越来越喜欢跟同龄的小朋友一起玩耍。家长应鼓励孩子多结交朋友，带领孩子去熟人家做客，让孩子与同龄的伙伴一起游戏。也可以请小伙伴到自己家里做客，家长可以在家里提供游戏场所和道具，组织小朋友们一起游戏和活动。

3. 培养孩子良好的社交礼仪

懂礼貌的孩子更容易被小伙伴接纳，家长们要注意在日常生活中培养一些社交礼仪，帮助孩子更快速地融入到伙伴中去。比如，当孩子为我们端来一杯水的时候，我们要对孩子说一句"谢谢"；每天上班离开家前跟孩子说"再见"，下班回到家里第一件事情是先拥抱一下孩子，对孩子表达一下想念之情；带孩子外出遇到邻居朋友，主动教孩子跟大家打招呼；送孩子去幼儿园见到老师和同学时互相问个好；当孩子不小心撞到别人时要及时说声"对不起"；当别的小伙伴做得好时给予鼓掌和赞美等。

4. 及时协助并正确处理孩子在同伴活动中的小问题

在刚开始的阶段，孩子会不懂得分享和合作，家长们要尊重孩子的个人意愿，不要强迫孩子去分享，只要假以时日地进行引导，孩子就会慢慢接受。在群体活动中，有的孩子属于主意多、喜欢表达、善于主导的领导型，而有些孩子可能属于安静的旁观型或顺从的配合型。无论孩子属于哪种类型，家长都不要用成人的观点来评价好坏，接纳孩子的特性会有助于孩子更好地融入群体。

孩子在融入集体的过程中可能会受到冷遇、排斥，遇到这种情况，家长应该及时关注孩子的情绪并给予安慰和支持。不要太过急于带孩子离开或再次把孩子推回到群体中，要给孩子一个缓冲。家长可以在了解问题之后帮助孩子寻找事情的根源，引导孩子自己面对和解决眼前的问题。

5. 让孩子拥有自己选择交往朋友的自主权

有些家长担心自己的孩子被别的孩子欺负或者被别的孩子带坏，可能会有意无意地为孩子选择朋友，限制孩子的自由交往。虽然家长用心良苦，但这样做代替了孩子的思维，而且会使孩子产生依赖性或让孩子产生自主性受限的反感不利于孩子社会独立性的发展和亲子关系的改善。所以我们应该鼓励孩子自己去寻找朋友，在孩童时期的孩子没有真正意义上的"好人"与"坏人"，最多也就是不同孩子脾气、秉性有差异，家长只需要多多注意孩子的状态，不需要帮他们抉择要去交往的朋友人选。

七 学会适应环境

孩子往往都喜欢待在一个比较熟悉的环境中，这样的环境孩子会比较适应，不会有陌生环境的恐惧感。相反，我们将孩子送到一个比较陌生的新环境中时，孩子可能会表现得非常警觉，甚至会变得沉默寡言，家长和孩子分离的时候，如孩子上幼儿园、家长去上班的时候等，孩子很容易出现分离焦虑，因此而大哭大闹。如果经常发生这样的情况，那么很有可能是孩子对不同环境的适应能力略差，所以才会有分离焦虑的情形。面对这种状况，家长可以试着帮助孩子提高对不同环境的适应能力，当他们的适应能力提升以后，分离焦虑也就大大减少了，哭闹的情况也会有所缓解。

现代社会中，孩子们的成长环境和以前有了很大的不同。他们需要适应新的社会环境，面对全新的社会挑战。毕竟，成长需要建立一种合适的社会环境，而教育是为了助力孩子更好地适应社会。那么，如何教会孩子适应社会环境呢？

（一）锻炼孩子的自理能力

有些家长喜欢包办孩子的一切，殊不知，这样不是爱孩子，反而会害了孩子。正确的做法应该是教会孩子吃饭、穿衣、叠被子等事情，在孩子的能力范围内，让他们适当做一些家务，这样可以培养孩子的独立意识，同时还能提高孩子的自理能力，对于他们融入新环境是非常有用的。比如有些小朋友就是因为自理能力差，不会穿衣脱衣、不会自己吃饭被别的小朋友取笑才抗拒去幼儿园的，可见培养孩子的自理能力是非常有必要的。家长一定要重视起来，学会放手，不要事无巨细地帮孩子做，给他们动手自己做的机会，其实也是爱他们的一种方式。

（二）扩大孩子社交范围，带孩子多接触不同的人和事

培养孩子的社交能力也有助于提升他们的适应能力。家长一定不要和孩子一起宅在家里，而是应该多出门，多接触不同的人和事。参加早教班就是一个不错的选择，这样既能提升孩子适应新环境的能力，同时还有助于提高他们的人际交往能力。当他们具备了这些能力之后，自然也就不会再那么抗拒新环境了。所以，在这件事上，家长一定不要偷懒，不要懈怠，不然错过了这个时期，就真的耽误了孩子的成长。

（三）多带孩子去新环境熟悉预热

孩子要上幼儿园了，家长可以先陪着孩子去幼儿园及周围熟悉一下环境，这在一定程度上也能减少孩子的不安感。笔者有一个朋友，她家的孩子刚上幼儿园的时候，也有非常严重的分离焦虑，每天早上出门上幼儿园如同上杀场，孩子吵闹着不去幼儿园，那笔者

的朋友是如何做的呢？她在每天幼儿园放学后不忙着带孩子回家，而是陪着孩子在幼儿园附近玩，这样做一来熟悉了周边的环境，二来认识了新的玩伴，所以孩子对幼儿园由最初的恐惧，变成了后来的期待，慢慢开始喜欢去幼儿园了。家长们也可以试试这个方法。孩子快上小学了，笔者的朋友更是提前就带着孩子去参观新学校，陪着孩子到学校操场打球、运动，孩子很快爱上了新学校，等到开学时孩子对学校一点都不陌生，很快和新同学打成一片。

（四）做一名有原则的"硬心肠"家长

适应新环境、融入新集体，本来就不是件容易的事情，有些家长面对孩子哭闹抵抗，就会心软下来，然后跟孩子说，"那今天就先别去，明天再去吧"，明日复明日，明日何其多，孩子很聪明，只要知道上幼儿园、上学是一件可以商量的事，那就会经常以各种借口软磨硬泡不去上学。如果经常这样的话，孩子是永远也不能适应新环境的，当然，孩子的学习也永远走不上正轨。所以家长切忌心软，还是得适当心硬一些的，坚持原则和底线，只要不是孩子生病、家庭重要事故等都应该要求孩子入园、入校读书。

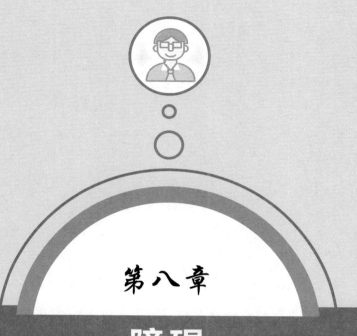

第八章

障碍

——用异常心理学消除孩子的心理障碍

前文我们讨论的都是孩子在成长过程中遇到的各类问题和解决办法，总体来说属于正常儿童发展性问题的范畴，但令人苦恼的是，有一部分孩子因为种种原因出现了心理和行为表现偏离常态，被大家认为属于心理异常、有心理障碍的孩子。2021年12月，由北京安定医院郑毅等学者发布的中国首个儿童青少年精神障碍流调报告出炉，该报告的调研样本来自北京、辽宁、江苏、湖南、四川五省（市）约74000名儿童青少年，调研数据显示：在6~16岁在校学生中，中国儿童青少年的精神障碍总患病率为17.5%。其中，流行程度最高的精神障碍及其占比为：注意缺陷与多动障碍占6.4%、焦虑障碍占4.7%、对立违抗障碍占3.6%、抑郁障碍占3.0%、抽动障碍占2.5%。调研结论：6~11岁样本人群中，注意缺陷多动障碍、品行障碍、对立违抗障碍、抽动障碍、强迫症和分离焦虑障碍患病率较高；12~16岁样本人群中，重性抑郁障碍、双相障碍、创伤后应激障碍、社交恐惧症和精神病性障碍的患病率较高。根据世界卫生组织发布的数据，成年人心理障碍患病率大约是10%，儿童青少年心理障碍患病率是20%，是成年人的两倍。这次调查的数据比较接近国家卫健委在2018年发布的儿童青少年心理障碍相关数据，2018年10月10日世界精神卫生日国家卫健委发布的最新数据显示，我国17岁以下儿童青少年中，约3000万人受到各种情绪障碍和行为问题困扰，并呈上升趋势，保守统计只有20%的儿童青少年得到了正确的诊断和治疗。面对这一现状，本章我们就对一些常见儿童心理障碍症状表现、成因、矫正办法及预防办法做一些介绍，希望能对一些深陷其中的困难家庭有所帮助，也对家中孩子正处于关键期的家庭起到预防作用。

一 儿童心理障碍的定义

儿童心理障碍，是指一些儿童因某种生理缺陷、功能障碍或在各种教育、环境因素作用下出现的心理和行为的异常现象。大量生理、心理研究表明，健康的躯体和发育正常的大脑是儿童拥有心理健康的物质前提，父母双方的遗传基因、神经类型（气质）如肌体的构造、形态、感觉器官、神经系统、大脑等生理特征都可以遗传给后代，许多疾病如智力低下、精神异常（如精神分裂症）或身体畸形等也都会遗传给孩子，从而影响孩子心理的健全发展。抛开这些我们无法把控的遗传因素，我们发现大部分儿童心理障碍都是后天环境和教育不当所致。大家知道，孩子从出生到上幼儿园前主要生活环境是家庭，父母是孩子的第一任老师，家庭教育对孩子心理健康的养成起着举足轻重的作用，其重要性不言而喻，家庭的不良影响是孩子心理异常的主要原因。

有专家指出儿童心理障碍问题比成人复杂得多，涉及吃喝拉撒等生活各个方面，而且与智力发育、贪食厌食、社会交往障碍等方面相关，如果早期发现、及早干预，完全可以康复，如果耽误就有可能影响孩子一生，所以对儿童心理障碍我们要本着预防为主，早发现、早干预、早治疗，让儿童心理永远健康、充满阳光和爱。

 儿童心理障碍常见类型及预防、矫治方法

（一）儿童缄默症

例1：由于父母在外打拼忙于生意，欢欢从小就被父母寄养在农村的外婆家。3岁以前的欢欢在农村生活，主要由外婆带，非常活泼可爱，还经常出门和小朋友玩耍。但由于要上幼儿园，3岁时欢欢被父母接到城里生活后，就慢慢变得不爱说话了，特别是遇见陌生人时，她从来不主动打招呼，总是躲在大人身后。一开始，父母以为是因为欢欢刚来到城市不太熟悉与适应，有些胆怯怕生，所以没太在意。几个月后，欢欢被送到幼儿园，老师反映，欢欢在幼儿园总是独自一人，不和其他小朋友一起玩，也很少开口说话，有时偶尔和别人交流一下，但也只是用点头、摇头、做手势的方式来表示。令人奇怪的是，欢欢回家后有说有笑，与家人交流得很好，感情也很好，相处亲密，没有发现其他什么异常。父母对她的这种反差表现很担心，于是带她来到儿童心理门诊，最终欢欢被诊断为"儿童选择性缄默症"。

例2：开学第一天，茜茜的表现就明显地与众不同。当别的孩子都兴奋地进教室找座位的时候，她几乎是挣扎着被母亲推进教室。见到新老师、新同学，她眼里没有其他孩子那样的兴奋和好奇，拒绝向老师、同学问好，拒绝自我介绍，坐在位置上皱紧眉头、握紧双手，全身一动不动，含着眼泪、四处乱晃的眼睛里充满了胆怯和不安。本以为这是孩子刚进入新环境的应激反应，但一个星期过去了，茜茜的表现依然让人担忧。通过观察和在学生中的调查，老师发现茜茜一进校门就闭紧嘴巴、一言不发，充满了警惕和不安，走路老是蹭着墙；不和任何人来往，拒绝用口头语言、肢体语言和别人进行交流；每当老师试图亲近她，她总会反射性地往后退，眼神里充满恐惧感；群体活动时，她一动不动、不知所措；排队时不和别的孩子牵手、做操时站在原地一动不动，甚至敬礼时也不张口、弯腰……这引起了班主任的重视。班主任建议家长带着孩子到儿童心理行为诊疗中心诊治，以便找寻原因，帮助解决问题，最后茜茜被诊断为"儿童选择性缄默症"。

1. 儿童缄默症的概念

什么是儿童缄默症？儿童缄默症是指儿童智力发育正常，言语器官无器质性损害，但是不用语言表达自己意见或回答问题，取而代之以书写或手势或摇头、点头的方式与人交流，表现出顽固的沉默不语。

我们要明白一点，缄默症儿童不说话并不是他不能说话，他们的大脑和发音器官并没有问题，他们有正常的言语理解及表达能力，只是因为心理因素，他们不愿意说话，其本质是一种社交功能障碍。

根据缄默症儿童在不同环境中的表现，可以分为全面性缄默症和选择性缄默症。全面性缄默症的儿童在任何场合都不喜欢说话或者拒绝说话；而选择性缄默症的儿童只是因为心理因素在特定场合不说话，是否缄默取决于所处环境和特定对象，对环境和对象具有高度的选择性。儿童缄默症以选择性缄默症最为常见。

2. 儿童选择性缄默症的主要表现

（1）儿童选择性缄默症多在 3～5 岁时发病，多见于女孩，儿童智力发育正常，主要表现为沉默不语，甚至长时间一言不发。但这种缄默有选择性，即在一定场合下讲话，如在家里或对熟悉的人说话，而在另一种场合就不讲话，如学校、陌生环境、公开环境或对陌生的人。

（2）少数儿童与第一种情况正好相反，在家里不讲话而在学校里讲话。缄默时与其他人交往，可用做手势、点头、摇头等动作来表达自己的意见，或用"是""不是""要""不要"等最简单的单词来回答问题。待学会写字后，偶尔也可用写字的方式来表达自己的意见。

（3）选择性缄默症还具有上学前不易被父母发现的特点，儿童在上学前不愿与不熟悉的人讲话，常被父母认为是胆小、害羞的缘故。直到上小学以后，被班主任和任课老师反映为不愿回答任何问题，不愿与其他同学交谈，不参加集体活动时才被家长发现并重视。这类孩子能照常参加学习，学习成绩好坏不一，部分病情严重的孩子会拒绝上学。

3. 儿童缄默症的成因

儿童发生缄默症的原因有很多，既有儿童自身性格因素，也有家庭因素、发育因素、心理因素甚至遗传因素等。

（1）性格因素。

儿童病前往往具有敏感、胆小、害羞、孤僻、脆弱、依赖等性格特征。

（2）发育因素。

缄默症儿童虽然已经获得语言功能，但开始说话的时间比正常儿童要明显延迟，且常常伴有其他语言问题。还常伴有功能性遗尿、功能性遗粪等其他发育性障碍，其中部分患儿的脑电图表现为不成熟脑电图及其他异常变化。

（3）心理因素。

该病症儿童早年常有情感创伤的经历，如受到惊吓、分离焦虑等，有些儿童就是在生活环境变迁或一次明显的精神刺激后发病。

（4）遗传因素。

缄默症儿童的父母常有人格异常和精神障碍。

（5）家庭因素。

如家庭封闭、隔代抚养、父母过于保护、家庭有矛盾冲突、父母关系不和、父母分居或离异、父母虐待儿童、家庭环境突变、初次离开家庭等。

当然，也有个别学者认为儿童保持缄默是出于自我保护、派遣不安的心理感受，而不应该看作一种病理现象。

4. 儿童缄默症的治疗办法

儿童缄默症会严重干扰孩子的正常生活和社会性发展，因此我们要本着早发现、早治疗的原则进行干预，从本质上来说缄默症是一种心理障碍，所以在治疗方法上应以心理治疗手段为主，而不是药物治疗。

（1）避免精神刺激。

尽量避免各种会给孩子造成负面心理影响的刺激，消除紧张因素，给孩子提供平和安宁的生活学习环境，鼓励孩子积极参加幼儿园、学校组织的各项集体活动，引导孩子积极和身边小伙伴交往，家长主动邀请老师和同学到家里做客，让孩子在家中熟悉环境和客人交流，消除心理障碍，为上学正常人际交往做好铺垫（尤其是内向型孩子很有必要），从而有助于培养孩子广泛兴趣爱好和开朗豁达的性格。

（2）提供良好的生活环境。

营造宽松和谐的家庭氛围，让孩子自由生长，父母关系和睦，不要对孩子粗暴呵斥，鼓励孩子主动和别人交流，包括眼神、手势、躯体姿势、言语等。孩子如果因为紧张不愿意说话也不要强迫，以免进一步加重孩子紧张焦虑情绪，甚至出现反抗心理，当孩子拒绝说话或反抗的时候，可以采取转移注意力的方法，如给孩子讲故事、外出旅游、做游戏等，分散其紧张情绪。总的来说就是家长要给孩子适应的时间和空间，不断给孩子提供社交的机会，耐心等待孩子主动开口说话。

（3）支持性心理治疗。

对缄默症孩子要多鼓励，当孩子主动和客人交流时，即使孩子交流的方式不是语言而是眼神、手势、躯体姿势等也要给予赞扬，孩子只要开口，就要及时鼓励，增强孩子信心，也可以用孩子最想要、最喜欢的东西或者最想做的事作为奖励，激励孩子说话。

（4）日常练习法。

家长每天至少抽出半小时与孩子说话，跟孩子聊他喜欢的话题，如喜羊羊、小哪吒、孙悟空、奥特曼、小猪佩奇等，并接受孩子不做回答，消除孩子的紧张和焦虑。

（5）药物治疗法。

对个别症状较重的孩子，在医生指导下可以服用一些药物。若孩子患病是因为孩子生活环境存在较大问题的话，最好脱离生活环境住院治疗或者改变生活环境。

（二）儿童孤独症

例1： 壮壮，男，4岁，爸爸常年在外打工，陪伴时间少，对待孩子比较缺乏耐心，严肃。家庭陪伴以妈妈独自照顾为主，壮壮对妈妈的依恋程度高，幼儿园下课后没看到妈妈就会紧张害怕哭闹，在别人叫他名字时常常默不作声，毫无反应，喜欢独自玩耍，尤其不爱参加集体活动，对事物的兴趣大于对人的兴趣。自主发音多为无意识发音，且发音不清楚。妈妈反映说在超市或者人多的广场，壮壮有时会莫名哭闹、恐惧尖叫。喜欢将自己喜欢的玩具排成一条直线，尤其爱看汽车轮胎滑来滑去。只能在同一个教室上课，除这个教室外的其他地方都不进去。也不愿尝试，甚至会出现声嘶力竭的尖叫哭闹。

例2： 小雨，男，4岁，只会叫"爸爸""妈妈"，最让家里人感到烦恼的是，年龄已经能上幼儿园中班的小雨却因为大小便不能自理而被幼儿园拒之门外。小雨的家人很苦恼，因为他们发现这个孩子从小就和别的孩子不太一样。在几个月大的时候，妈妈抱他时，他的身体会往后挺；爸爸拿着拨浪鼓逗他，他也不看爸爸。长大一些后，妈妈要出门，他也不会吵着找妈妈。而妈妈从外面回来了，也看不出他的情绪变化。小雨听力正常，但平时妈妈叫小雨，他经常不理睬。有时想要喝水也不说话，更不会看着妈妈表达，只是看着水或抓住妈妈的手放到饮水机上。小雨的爱好也很特别，他很喜欢汽车，经常看着各种颜色的汽车玩具，沉浸在自己的世界里。奶奶有意带他找同伴玩耍，但是他并不感兴趣。邻居家 4 岁的乐乐带他搭积木，但他似乎并不知道怎么跟乐乐相处，总会一把推倒积木，搞得乐乐沮丧不已。

这两个孩子怎么了？是什么原因导致他现在的状况？经医生诊断，两位孩子都患上了儿童孤独症。

1. 儿童孤独症的定义及表现

什么是儿童孤独症？儿童孤独症又被称为自闭症，是广泛性发育障碍的一种亚型，多见于男童，起病于婴幼儿期，主要表现为不同程度的言语发育障碍、人际交往障碍、兴趣狭窄和行为方式刻板。约 3/4 的孤独症儿童伴有明显的精神发育迟滞，在一般性智力落后的背景下，部分患儿却在某方面具有较好的能力。孤独症儿童也被人们称为"星星的孩子"。

儿童孤独症是一种多发性疾病，主要有以下症状表现：

（1）语言障碍。

语言与交流障碍是孤独症的重要症状，也是大多数儿童就诊的主要原因。语言与交流障碍可以表现为多种形式，多数孤独症儿童有语言发育延迟或障碍，通常在两三岁时仍然不会说话，或者在正常语言发育后出现语言倒退，在 3 岁以前有表达性语言，随着年龄增长逐渐减少，甚至完全丧失，终身沉默不语或在极少数情况下使用有限的语言。他们对语言的感受和表达运用能力均存在某种程度的障碍。

（2）社会交往障碍。

这类儿童往往不能与他人建立正常的人际关系。年幼时即表现出与别人无目光对视，表情贫乏，缺乏期待父母和他人对其拥抱、爱抚的表情或姿态，也无享受到爱抚时的愉快表情，甚至对拥抱、爱抚予以拒绝。分不清亲疏关系，对待亲人与对待其他人都是同样的态度。不能与父母建立正常的依恋关系，患儿与同龄儿童之间难以建立正常的伙伴关系。例如，在幼儿园多独处，不喜欢与同伴一起玩耍；看见一些儿童在一起兴致勃勃地做游戏时，没有观看的兴趣和参与的愿望。

（3）认知障碍。

这类儿童的认知障碍主要表现为兴趣范围狭窄、行为模式刻板。

患儿对于正常儿童所热衷的游戏、玩具都不感兴趣，而喜欢玩一些非玩具性的物品，如瓶盖，或观察转动的电风扇等，并且可以持续数十分钟，甚至几个小时都没有厌倦感。对玩具的主要特征不感兴趣，却十分关注非主要特征：患儿固执地要求保持日常活动程序不变，如上床睡觉的时间、所盖的被子都要保持不变，外出时要走相同的路线等。若这些活动被制止或行为模式被改变，患儿会表示出明显的不愉快和焦虑情绪，甚至出现反抗行为。经常重复刻板动作，如反复拍手、转圈、用舌舔墙壁、跺脚等。

（4）智能障碍。

在孤独症儿童中，智力水平表现很不一致，少数患儿在正常范围，大多数患儿表现为不同程度的智力障碍。国内外研究表明，对孤独症儿童进行智力测验，发现50%左右的孤独症儿童为中度以上的智力缺陷（智商小于50），25%为轻度智力缺陷（智商为50～69），另外25%智力正常（智商大于70），智力正常的被称为高功能孤独症。

2. 儿童孤独症的成因

目前尚无定论，但大量临床和研究表明其与心理和社会因素关系不大，可能与遗传因素、器质性因素和环境因素有较高相关性。例如，我们发现至少有一部分病例的病因与遗传有关，若孩子家族中有人是孤独症和语言障碍的患者，则孩子患病的概率比正常人要高；孩子如果有脑损伤等器质性损伤、母亲怀孕期感染过风疹，孩子患孤独症的概率也会大幅攀升。当然，我们在临床中也发现，有些孤独症儿童幼小时生活单调、缺乏适当刺激，没有家长教以适当社会行为，换句话说就是社会化不够也是孩子患病的重要因素。

3. 儿童孤独症的治疗办法

目前我国孤独症的患病率日益增高，国内儿童孤独症患病率大概在千分之七。中国妇幼保健协会联合国家孤独症康复研究中心等单位对外发布的《2021年度儿童发展障碍康复行业蓝皮书》指出，我国有近300万名孤独症儿童，目前儿童孤独症缺乏有效的药物治疗，主要的治疗途径是心理训练，孤独症患儿的最佳治疗期为6岁前，如能在3岁前接受科学干预，可不同程度改善患儿症状和预后。因此，对儿童孤独症进行早期筛查、早期干预尤为重要。例如，家长可以花更多时间陪伴孩子，给孩子讲故事、做游戏，活跃孩子思维，鼓励孩子主动表达内心的想法，每天一定要花一些时间给孩子讲讲一天的见闻，了解孩子的思想变化，激发孩子的好奇心，注意培养孩子的兴趣，让孩子的求知欲、探索欲得到最大限度的满足。同时对于孩子的点滴进步要及时表扬，做错事也要耐心解释让他明白为什么是错的，怎么避免，以后今后该怎么做，而不是轻易惩罚。另外，还可以辅助药物、针灸进行康复治疗。

（三）儿童恐惧症

例1：欣欣，女，10岁，因为恐惧症被内科医生转诊到临床心理门诊治疗。内科医生指出，她害怕飞机和蜜蜂。但是欣欣像其他孩子一样，没有办法用语言表达她到底害怕什么。她承认自己除了害怕飞机和蜜蜂之外，还害怕电梯，除此之外她就说不出其他东西了。但是，在她和心理治疗师熟悉起来并且信任治疗师之后，治疗师发现有一种恐惧能够将这三种看似没有什么关系的恐惧联系在一起，这种恐惧就是对麻醉的恐惧。几年前欣欣曾经拔过一颗牙，牙医使用了一种普通的麻醉剂。刚被麻醉后，她感到周围的世界漆黑一片，但是她仍能听到声音（实际上，这种感受具有普遍性，因为控制视觉的神经受到麻醉的影响要早于控制听觉的神经）。患儿对这种感觉毫无准备，她被吓坏了。自此之后，她开始避免那些可能让她受伤的情境，担心自己会被送到医院，再被麻醉。飞机可能失事，电梯也是，还有被蜜蜂蜇都能让她再次到医院。像大多数人一样，欣欣的父母不理解她的恐惧症，他们认为她就是一个胆小的孩子。治疗师向欣欣解释了她最初经历的事件，指出虽然毫无预期并且很不愉快，但是并不难以理解。然后她训练欣欣掌握一些放松技能以应用于高焦虑情境。治疗师首先帮助她克服了对电梯的恐惧，让她看到自己既然能够克服一种恐惧，就能够克服其他恐惧。在3个月后，她的恐惧消失了。

例2：甜甜，6岁，幼儿园中班，独生女。母孕期正常，足月顺产，身高约1.1米，偏瘦，体格检查及神经系统检查无异常发现，脑电图检查正常，无重大躯体疾病史。父亲为工厂技术员，母亲为会计，父母均为内向性格，对其较溺爱，限制多。经详细询问，父母无人格障碍和其他神经症性障碍，家族无精神疾病史。幼时发育正常，个性较文静，拘谨、胆小、怕见生人、依赖性强，非常听父母的话。邻居家养有两只会说话的鹦鹉，甜甜2岁时常夜间哭闹不止，鹦鹉听到也学其哭声，其母为使其安静下来，便吓唬她："鸟说话了，说你再哭，就变成怪兽来吃你。"于是甜甜被吓得用被子蒙着头强忍住哭泣入睡，反复数次后，孩子一听到隔壁鹦鹉叫声，就表现得十分恐惧，面色苍白，大声呼叫"我怕"，家人觉得不对，遂紧张安慰，结果适得其反，症状更加严重，在家里无法正常生活，父母只得与爷爷互换房子而住，症状有所减轻，只是后来见到鸟有明显躲避行为。4岁时，在幼儿园一次游戏活动中，一位同学无意中学大鸟吓唬她，引起甜甜极度恐惧，之后半年，其症状进行性加重，只要看到天上有鸟飞过，听到鸟叫，甜甜就会面色苍白，心跳加快，呼吸急促，全身大汗。晚上不敢睡觉，每晚均在紧张状态下入睡，常做噩梦，夜惊。白天诉头昏，心情急躁，为此全家人整日惶惶不安，最后陪同甜甜前来心理门诊求助，其被确认为恐惧症。

1. 儿童恐惧症的定义

儿童恐惧症是指儿童对日常生活中一般客观事物和情境产生持续的、不现实的、过分的恐惧、焦虑，达到异常程度，并且有回避和退缩行为。儿童恐惧症会影响儿童的认知能力和身体运动能力，同时也会对其个性发展产生极大消极作用。

虽然恐惧心理是一种痛苦的情绪体验，但是它也是一种自我防御机制，这种体验会帮助人们迅速离开让他们感受到危险的环境和物体，这对于个体的自我保护显然是有利的，对于孩子来说，黑暗、雷电、动物、死亡、登高等自身无法理解的现象都会使其产生恐惧，每个儿童都要经历由害怕到不怕的心理演变。

儿童的恐惧心理可以分为正常和异常两个维度，但我们这里所说的恐惧症肯定属于异常范畴。如果儿童的恐惧程度轻、时间短，没有超越儿童的年龄、认知水平和环境所限，则可以视为正常。如笔者女儿1岁多时特别喜欢在室外和小朋友一起玩，每到傍晚吃完饭，就指着窗户咿咿呀呀甚至拉着大人的手往外走，保姆、婆婆总吓唬她外面有毛狗子（四川方言："鬼怪"的意思）要抓不听话的小孩子，几次以后孩子一到晚上就说外面有毛狗子要抓小娃娃，慢慢就变得有些胆小怕黑，后来经过笔者多次引导训练后情况才有所改观，没有恶化成恐惧症。反之，如果儿童的恐惧心理持续的时间较长，超越了儿童的心理承受能力，或某些物体或环境本身不存在危险，儿童却产生异常的恐惧感，就是异常。

2. 儿童恐惧症的分类

儿童的恐惧表现多种多样，常见的恐惧症大致可以分为三类：

（1）特定的恐惧症。

孩子对特定的动物、锐器、黑暗、雷电、注射器、学校、鬼怪等事物有过分恐惧感，接触到这些事物就会回避或者逃离。如前面例2中的甜甜因为害怕隔壁邻居家的鹦鹉而不敢在家居住，严重影响了孩子的正常生活。

（2）社交恐惧症。

孩子害怕被他人关注，害怕引起尴尬，面对他人时会出现脸红、张口结舌等症状，尽可能回避和人交往，怕参加活动、怕上学、怕考试、怕当众说话等。孩子这些对陌生人、陌生环境的回避退缩行为已经对孩子正常的社会生活、学习造成干扰，严重影响孩子的社会性发展。

（3）疾病恐惧症。

孩子对各种疾病和创伤后果感到恐惧，怕出血、怕生病、怕打针等，持续焦虑不安，甚至对死亡产生恐惧。

3. 儿童恐惧症的判断标准

为了帮助区分儿童恐惧心理和恐惧症，我们列出了几项恐惧症的诊断标准，以帮助大家有效地区分孩子的一般恐惧心理和恐惧症，从而使恐惧症孩子的病情能得到及时诊治。

（1）症状标准。

儿童对日常生活当中一般性的客观事物或者情景产生过度恐惧情绪，并且还会出现回避退缩的一些行为。如笔者孩子1岁左右有一次洗澡时可能水温有些偏高（我们家保姆没有用温度计的习惯，在试水温的时候犯了一个常识错误，因为我们给孩子试洗澡水水温一般喜欢用手背，但是手对温度的敏感度远远小于身体，手背感觉水温合适的时候，其实身体就会感觉比较烫了，当然也远远没有达到受伤的程度），孩子一下水就受惊狂哭，我们赶紧加冷水，又反复多次强调不烫了，孩子才慢慢平静下来愿意洗澡，以后多次洗澡孩子都表现出抵触害怕情绪，都需要我们反复保证、劝慰才勉强下水，而且每一次洗澡都需要我们当着她的面反复试水温、确保水温正常，这种对洗澡的恐惧情绪一直持续了3个月后才慢慢淡忘，幸运的是由于我们改善及时、情绪疏导有方，孩子这种对洗澡的恐惧情绪没有泛化、恶化成恐惧症。

（2）程度标准。

儿童的恐惧心理已经严重影响了孩子的日常生活和社会性发展。例如，因为怕和陌生人交流而拒绝上学，这就是很严重的恐惧症了，家长必须高度重视。

（3）病程标准。

儿童符合上面的症状标准和程度标准已经至少达到一个月的时间。

（4）排除标准。

不是由于广泛性焦虑障碍、精神分裂症、心境障碍、癫痫所致精神障碍或是广泛性发育障碍等疾病导致的。

4. 儿童恐惧症的成因

儿童恐惧症的起因多种多样，但主要有两大类：先天遗传和后天习得。研究发现，大多数儿童的恐惧症是后天习得的，也就是说儿童所处的环境和接受的教养方式至关重要。具体表现为以下几个方面：

（1）儿童自身的发展阶段和特点使其更容易产生恐惧感。

在儿童成长的过程中，认知和情感的发展尚不完善，其对未知和不可预测的事物更容易感到恐惧，如刮风下雨、雷电、黑夜、生病等；同时，儿童对外界刺激的记忆和联想能力较强，容易将一些负面的体验与某种具体事物关联起来，从而加深恐惧。如前面例1中的欣欣，因为拔牙麻醉产生恐惧情绪，后来这种恐惧情绪泛化到一切可能导致她受伤需要去医院治疗的事物，如坐飞机(怕飞机掉下来受伤死亡)、蜜蜂(怕蜜蜂蜇受伤)、坐电梯(怕电梯失事受伤)等，就从恐惧情绪恶化成恐惧症了。

（2）儿童的社会环境对其产生的负面影响不容忽视。

家庭教育方式、亲子关系的健康与稳定、父母对儿童情绪的引导等因素都会对儿童的心理健康产生重要影响，不良的家庭环境和教育方式容易使儿童产生恐惧。例如，笔者家小朋友晚上闹着要出去玩，保姆用鬼怪恐吓孩子的方式确实短时间内起到了让孩子晚上待在家里好带不费事的效果，但是对孩子自信、勇敢性格的养成是有较大负面作用的，为此笔者后来在孩子自信、勇敢性格的塑造中遇到了很多挑战和困难。所以，作为家长我们千万不要贪图一时懒惰用恐吓方式让孩子听话，当然也要注意不要当着孩子的面讲述一些可怕情形，以防造成孩子恐惧心理，严重的会形成恐惧心理障碍。过分严厉和教条化的教育以及粗暴、压抑的生活环境，也会诱发孩子的恐惧症。

（3）儿童恐惧症的发生与个体的基因和脑部结构也有关系。

一些研究发现，基因的影响和脑部神经功能的变化可能与儿童恐惧症的发生有关。

5. 儿童恐惧症的预防和矫治

儿童恐惧症归根结底是一种心理问题，对孩子的健康成长和社会性发展有巨大影响，所以我们要坚持预防为主、防治结合的治疗办法。从众多咨询案例来看，对付儿童恐惧症最有效的方法还是心理治疗，弄清引起儿童恐惧症的诱因，然后有针对性地进行治疗。

（1）常见的预防措施。

从儿童恐惧症预防角度来讲，家长要从细微处入手，防患于未然，防止儿童异常的恐惧。无论在家里还是在学校，一定要给孩子营造一个温馨、和谐、耐心、有爱的成长环境，不对不听话的孩子使用恐吓、威胁手段，不传递恐惧情绪，对孩子受认知水平限制不能理解的容易产生恐惧情绪的自然现象（如为什么打雷、为什么下雨、为什么天会黑等）多加解释，并且注意以孩子能理解的语言和表达方式进行解释，尽量避免孩子接触恐怖书刊和影视。笔者记得小时候因为看了电影《画皮》鬼掏心那一片段，好些晚上都不敢独自睡觉。此外，要注重培养孩子独立生活和解决问题的能力与胆量，多培养孩子乐观向上的生活态度。如果恐怖事件对孩子的影响并不是很严重，孩子的恐惧表现并不突出，对孩子正常生活学习没有影响，就没有必要渲染和过分关注，让孩子在成长过程中慢慢适应。又拿笔者看鬼怪电影《画皮》来说，笔者虽然害怕了两个晚上，但通过哥哥姐姐开导的认识到这个世界并没有鬼怪，恐怖情节都是作家编出来的，心里也就慢慢释然了，后面随着时间推移也就慢慢淡忘了，对正常学习生活没有造成明显影响，但已经过去40多年了，掏心那一画面还历历在目。

（2）常用治疗办法。

儿童恐惧症的治疗方法中最有效的是心理治疗，首先明确恐惧诱因，然后有针对性地进行治疗。

第一，认知治疗法。分析恐惧对象，帮助孩子了解恐惧对象，从而使孩子能正确评价自己及恐惧对象，帮助孩子建立自信。这种治疗方法特别适合受知识所限而不能克服的恐惧情绪，如对一些自然现象、传说鬼怪等的恐惧。通过绘本、动画视频等方式解读孩子感到恐怖的物体或事件，如孩子害怕打雷，可以跟他一起观看视频或者阅读绘本了解雷电是如何形成的，并逐渐跟孩子讨论相关细节，直至他能够接受。

第二，暴露治疗法。有点类似于以毒攻毒法，在患儿没有准备的情况下骤然将孩子置于恐惧对象前，刺激其直面恐惧对象，迅速建立对恐惧对象的正确认知，从而发现恐惧对象并没有像想象中那样伤害自己。这种方法治愈速度快，但是缺点是刺激性太强，孩子必须有一定的身体条件，否则难以承受。

第三，系统脱敏法。这是目前公认的治疗恐惧症最安全、最有效的方法之一。此法由心理治疗师设定"阶梯"性恐惧值，并让孩子依次循序渐进地暴露于引起恐惧的事物和场所中，循序渐进消除其恐惧心理，先用轻微的刺激，然后逐步增强刺激的强度，令儿童的感官逐步接受刺激，使之对刺激的恐惧程度逐渐降低，最终达到症状完全消失。这种方法较为缓和，容易为儿童接受。缺点是治疗时间长，效果产生慢。

（四）儿童抑郁症

例1：王某某，女，11岁，小学五年级学生，从小生活在农村，由奶奶带大，和奶奶感情深厚。近一个月来，王某某上学经常迟到，上课不注意听讲，学习成绩下降。原来课下常与同学们一起跳绳，但现在常独自一个人，喊她跳绳也不去了，郁郁寡欢，班主任多次教育也不见改变。曾流露过自杀的想法，后经了解得知她妈妈和她奶奶感情不和经常吵架，对她伤害很大，一年前她奶奶和她妈妈争吵后喝农药自杀，奶奶去世后她感觉没人爱她了，慢慢话越来越少，总觉得活着没有意思。

例2：张某某，女，10岁，某小学四年级学生。性格内向，胆小孤僻，有事常闷在心里，不肯轻易向人表露，与同学关系紧张，学习很努力，但在班上学习成绩属中等偏下，数学成绩较好，语文成绩较差，语文经常考不及格。张某某父亲是一个个体商贩，母亲是一名工厂工人，均只有小学文化程度。父母因为吃了没文化的亏，只能辛苦度日，所以对她学习要求很严，注重学习成绩，也经常督促她学习，但受自己能力所限，不能给她提供学习上的辅导。随着小学学习难度的增加，她学习起来越发吃力，虽然很努力，但是收效甚微，经常受到父母责备，张某某自感学习太差，达不到父母要求，害怕被老师批评、同学嘲笑，常常焦虑不安，情绪不稳定，好冲动，多次流露出"不如死了好"的悲观情绪。

上述两例病例经诊断均为儿童抑郁症。

1. 儿童抑郁症的定义及表现

什么是儿童抑郁症？儿童抑郁症是指一种发生在儿童时期的以持续的心情不愉快、抑郁情绪为主要特征的心理障碍或情感性障碍。儿童抑郁症危害较多，可对孩子自身、家庭、社会造成不同程度的不良影响，可引发个体在躯体、心理、社会等方面的不适感，严重时甚至可导致自杀倾向。建议家长多关注儿童的心理状态，并及时带儿童前往专业心理机构就诊，寻求专业人员的帮助。

（1）躯体方面。

儿童抑郁症可能会使儿童失去生活的信心，出现食欲下降、睡眠不佳等症状，长期如此可能会引起营养不良，甚至可能会导致身体免疫力下降。长期抑郁甚至会损害神经系统，导致儿童出现心慌、胸闷等症状，严重时甚至可引起心律失常、猝死等后果。

（2）心理方面。

儿童抑郁症还可能会使儿童出现自卑、自责、内疚心理，不愿意让他人帮助自己，不利于孩子健康成长。

（3）社会方面。

儿童抑郁症患者不能积极面对社会，可能会有退缩、孤独、不愿与人交往等想法，久而久之可能会脱离社会，不愿交往，严重时甚至会产生报复社会的想法。

（4）自杀倾向。

儿童抑郁症严重时可能会出现自杀倾向，表现为不顾及后果，甚至会出现报复社会的想法，从而对自己和身边人造成人身危害。

2. 儿童抑郁症的判断标准

如何区分抑郁状态和抑郁症？这是每一位家长和教育工作者都会面临的问题。一般来说，任何一个儿童在面对生活中遭遇的挫折和困难时都会不同程度地表现出悲伤、焦虑、难过等负面情绪，这是非常正常的情绪反应，通常这种负面的情绪状态都会随着时间推移进行自我消化，并最终调整好，又重新让自己高兴起来。但是，如果孩子在环境改善、自我调适、求助他人后仍然不能摆脱抑郁心境，持续时间两周以上，且已经影响儿童的社会功能，如不能正常生活和学习，那很可能就是患上了儿童抑郁症。

当然，家长、老师作为有一定教育经验的成年人，也可以通过观察患上抑郁症的儿童在情绪、身体、行为上的一些改变来判断。情绪上，抑郁症儿童会突然变得情绪低落、沉默寡言、胆小懦弱，对身边事物毫无兴趣、常伴有自责自罪感、自我价值观念下降或无助感加重等。身体上，抑郁症孩子会表现出入睡困难、早醒或过度睡眠、过度进食或食欲不振、体力疲乏、胸闷心悸等身体不适症状。行为上，不同于成年人抑郁症只有内向型的表现症状，抑郁症儿童有外向型和内向型两种表达形式，尤其抑郁症儿童的外向型表达形式往往容易被误判和忽略。抑郁症儿童外向型的表现为脾气暴躁、冲动不安、喜欢顶嘴等，抑郁症儿童内向型的表现方式为注意力不集中、不合群、对一切事物兴趣不大、喜欢独处发呆、与同学关系疏离等。

3. 儿童抑郁症的诱因

引发儿童抑郁症的诱因有很多种，但最主要的还是心理刺激方面。大多数孩子由于年龄小抗压能力弱、自尊心强而脆弱，心理不健康，情绪不稳定，遇到困难挫折就容易产生心理压力，如果孩子长期处于这种精神压力下没有得到很好调适，那么遇到一个不大的挫折就可能导致孩子精神崩溃，让他们患上抑郁症。

（1）来自学习的心理压力。

对于中国孩子来说，学习是孩子们迈不过的一道坎，在当前竞争加剧、教育内卷的高压形势下，国家也在通过"双减"等措施来切实维护孩子们的休息权、娱乐权和健康权。总体来说，每一次学习障碍都会导致孩子们或大或小的情绪问题，都会导致孩子们对自己的能力产生怀疑，使自信心受到动摇，并感到沮丧和忧愁。而这种情绪问题如果没有得到很好解决的话，又会进一步影响孩子的学习成绩，从而形成恶性循环。即使某些学习成绩好的孩子，由于某一次考试失误，可能也会患上抑郁症。

（2）家庭教育和学校教育方式不当。

家长期望过高、管教过严，在孩子无法达到家长和老师的期望值、学习成绩下降或成长过程中犯错误时，得不到家长和老师的谅解、鼓励，而是遭受斥责甚至体罚，这种极端的处理方式对孩子自信心的打击几乎是毁灭性的，会伤害他们的自尊，让他们害怕面对家长和老师，害怕考试、学习，引发孩子孤僻、回避、沉默、自卑等抑郁情绪。

（3）应激事件的影响。

孩子在成长过程中遭遇到无法控制的负面应激事件，如父母离异、缺乏家庭温暖、失去亲人，以及遭遇虐待、被抛弃等。

（4）孩子自身的性格缺陷。

大量临床实践发现，抑郁症儿童往往容易指向那些性格过于内向、自尊心过强、心理素质较差的孩子。这类性格的孩子抑郁症发病率高于那些活泼开朗的孩子，这类孩子一旦遇到某些困难、挫折就会精神压力过大，长此以往，很容易引发儿童抑郁症。

（5）社会环境因素。

有研究表明，一个抑郁症儿童遭受到的来自社会环境的消极因素影响是正常儿童的 5 倍之多，如儿童受到过度惩罚甚至达到虐待程度、父母离异甚至死亡、遭受家庭重大经济变故、家庭环境冷漠、粗暴等。诸如此类的社会负面强刺激，都会给儿童稚嫩的心灵及身体带来摧毁性的打击，导致儿童心理抑郁甚至失常，引发抑郁症。

（6）遗传因素。

研究发现，孩子家族的生物遗传因素在儿童抑郁症发病中起一定作用，约 50% 的抑郁症儿童其父母双方至少有一人曾患过抑郁症。抑郁症儿童在起病前往往都表现出被动、无能、依赖、孤独或倔强、违拗等性格缺陷。

4. 儿童抑郁症的矫治办法

家长作为孩子最亲密和最信任的人，是帮助孩子摆脱抑郁症的最好医生。

（1）营造良好的家庭氛围。

父母要注意自己情绪的表达，做情绪稳定的父母，关心孩子、尊重孩子、理解孩子，多和孩子交流，耐心倾听孩子的倾诉，让孩子充分感受家庭生活的亲密、和睦和温馨，减少人为家庭变故，如离婚、吵架打架等，给孩子提供稳定而良好的成长环境。

（2）教育孩子适度，降低对孩子的期望值。

前面儿童抑郁症例 2 的张某某就是父母自己没有文化，但是对孩子的学业成绩期望值过高，造成孩子心理及精神压力过大而抑郁。作为家长和老师，我们要懂得因材施教的道理，对孩子的教育要求要适度，根据孩子自身的能力和兴趣进行培养，避免过高期待给孩子造成巨大心理压力，给孩子成长和试错的时间和空间，让孩子在适当范围内自由发展。

（3）及时治疗。

许多人觉得抑郁症儿童只是一时想不开，心情不好，慢慢地就会好起来，其实这是对儿童抑郁症的一种误解。抑郁症是一种常见的心境障碍，会出现情绪低落、思维迟缓、抑制活动减退、认知功能损害等症状，抑郁症儿童大脑某些激素分泌会出现问题，因此要及时寻求专业人员和机构的帮助，光劝孩子想开一点是不能解决问题的，不要讳疾忌医，及时治疗是关键。

（4）不断提高孩子的逆商。

每一个孩子在成长过程中都会遭遇挫折和困难，这是无法避免的，聪明的家长不是将孩子成长过程可能经历的困难、问题进行人工阻隔，让孩子在舒适区长大，对孩子进行过度保护，而是教会孩子学会忍耐，在困难中寻找精神寄托如运动、书画、唱歌等，努力学习，保持竞争力，等待逆境翻盘。对孩子每一次克服困难而取得的成绩都及时给予充分的肯定和鼓励，培养孩子的自信心和应对逆境的能力。

（5）鼓励孩子多参加社会活动、多交朋友。

孩子患了抑郁症以后，就会回避社交，不愿和周围人接触，常常把自己关在家里，这样就会加重抑郁病情，家长要引导孩子多参加社会活动，走到人群中去，多和同龄人接触，多交朋友，这样就能转移注意力，对抑郁症的恢复非常有好处。

（6）积极参加体育锻炼。

家长最好跟孩子一起积极参加体育锻炼，这样不仅可以促进身体血液循环，提高身体的免疫力，还能对抑郁症患者的神经系统起到调节作用，分泌出多巴胺、内啡肽等让儿童感觉到愉悦的快乐激素，从而缓解抑郁症的症状。

（7）保持良好的生活方式。

孩子在患了抑郁症以后，一般都会出现不愿意社交的表现，宅家、生活作息紊乱、衣冠不整、情绪低落，家长要帮助孩子养成良好的生活方式和规律的作息制度，每天早睡早起，清理好个人卫生，这样孩子的精神状态也会好很多，也会促使抑郁状态减轻。

（8）运用一些简单的心理治疗方法帮助抑郁症儿童。

家长、老师在孩子陷入抑郁情绪状态又缺乏专业人员帮助的时候，也可以掌握一些简单的心理治疗办法来帮助孩子，如腹式呼吸法和冥想疗法。

当抑郁症儿童倾诉感觉闷闷不乐，甚至有一种绝望感时，可以通过腹式呼吸方法来调节情绪，具体方法为吸气的时候收缩腹部，呼气的时候放松腹部，这样可以及时缓解精神压力，让身体得到放松。

当孩子患了抑郁症，出现失眠、身体乏力、食欲减退、便秘、身体疼痛、恶心呕吐、心慌、多汗等症状的时候，家长和老师可以通过冥想的方法来减轻、消除以上症状，具体方法为：让孩子想象自己正躺在一片美丽的沙滩上，周围有漂亮的海鸟和一望无际的大海……多进行冥想可以消除杂念、改善神经功能失调的症状。

参考文献

[1]安晓芳.试论积极情绪对中学生的创新力的影响[J].文化创新比较研究,2020(7):13.

[2]曹钰,张春,张洁琼.中青年冠心病病人情绪障碍影响因素及心理干预策略研究[J].护理研究,2023(13):2379.

[3]崔丽娟.心理学是什么[M].北京:北京大学出版社,2002:52.

[4]董妍,王琦,邢采.积极情绪与身心健康关系研究的进展[J].心理科学,2012(35):487.

[5]关鸿羽.教育就是培养习惯[M].北京:新世界出版社,2003:5.

[6]黄建春.孩子有自慰行为怎么办[J].家庭健康,2004(1).

[7]黄希庭.心理学导论[M].北京:人民教育出版社,2007.

[8]蒋长好,王一牛,郭德俊,等.积极情绪与压力应对[J].中国临床康复,2005(28):181.

[9]李贤智.论精神分析对西方现代教育的积极影响[J].湖北文理学院学报,2017(38):83.

[10]刘云艳,张大均.儿童好奇心结构的探索性因素分析[J].

心理科学，2004（1）：127-129.

[11]苗元江，马敏娜，谢蓉蓉，等.积极心理学视阈下积极情绪五大作用[J].现代商贸工业，2015（11）：85.

[12]潘秀丽.青春期家庭教育中常见的误区[J].作家天地，2020（12）：70-71.

[13]潘仲君.基于岗位和胜任特征的招募流程构建[J].科技信息，2010（14）：27.

[14]吴美琴，戴雨芊，李红.儿童说谎的发展及其影响因素探究[J].苏州大学学报（教育科学版），2022（4）：76.

[15]吴重光.如何对待孩子的任性[J].特立学刊，1997，3（34）：45.

[16]杨丽珠，董春月.幼儿个性发展与教育[M].北京：世界图书出版公司，1993：3.

[17]张毅蓉.我国校园暴力现状及防治措施[J].黑龙江省政法管理干部学院学报，2019（2）：44-48.

[18]赵周.如何培养孩子自主学习力[M].长沙：湖南教育出版社，2022：59.

[19]周瑞明.小学儿童心理障碍状况调查和心理健康教育思考[J].心理发展与教育，1991（1）：53.

[20]David Matsumoto, et al. The Contrbution of Individualism VS. Collectivism to Cross-national Differences in Display Rules[J]. Asian Journal of Social Psychoiogy, 1998（1）.